Scoprire i Giochi Gratuiti Online

Disponibile Qui:

BestActivityBooks.com/FREEGAMES

5 CONSIGLI PER INIZIARE

1) COME RISOLVERE LE PAROLE INTRECCIATTE

I puzzle hanno un formato classico:

- Le parole sono nascoste senza spazi o trattini,...
- Orientamento: Le parole possono essere scritte in avanti, indietro, verso l'alto, verso il basso o in diagonale (possono essere invertite).
- Le parole possono sovrapporsi o intersecarsi.

2) APPRENDIMENTO ATTIVO

Accanto ad ogni parola c'è uno spazio per scrivere la traduzione. Per incoraggiare l'apprendimento attivo, un **DIZIONARIO** alla fine di questa edizione vi permetterà di controllare e ampliare le vostre conoscenze. Cerca e scrivi le traduzioni, trovale nel puzzle e aggiungile al tuo vocabolario!

3) SEGNARE LE PAROLE

Puoi inventare il tuo sistema di segni. Forse ne usi già uno? Per esempio, puoi segnare le parole difficili da trovare con una croce, le parole preferite con una stella, le parole nuove con un triangolo, le parole rare con un diamante, e così via.

4) STRUTTURARE L'APPRENDIMENTO

Questa edizione offre un **TACCUINO** alla fine del libro. In vacanza, in viaggio o a casa, puoi organizzare facilmente le tue nuove conoscenze senza bisogno di un secondo quaderno!

5) AVETE FINITO TUTTE LE GRIGLIE?

Nelle ultime pagine di questo libro, nella sezione della **SFIDA FINALE**, troverete un gioco gratuito!

Facile e veloce! Dai un'occhiata alla nostra collezione di libri di attività per il tuo prossimo momento di divertimento e **apprendimento,** a portata di clic!

Trova la tua prossima sfida su:

BestActivityBooks.com/MioProssimoLibro

Ai vostri posti, pronti...Via!

Sapevi che ci sono circa 7.000 lingue diverse nel mondo? Le parole sono preziose.

Amiamo le lingue e abbiamo lavorato duramente per creare libri di altissima qualità. I nostri ingredienti?

Una selezione di argomenti adatti all'apprendimento, tre buone porzioni di intrattenimento, una cucchiaiata di parole difficili e una spolverata di parole rare. Li serviamo con amore e entusiasmo in modo che tu possa risolvere i migliori giochi di parole e divertirti imparando!

La vostra opinione è essenziale. Puoi partecipare attivamente al successo di questo libro lasciandoci un commento. Ci piacerebbe sapere cosa ti è piaciuto di più di questa edizione.

Ecco un link veloce alla pagina dell'ordine:

BestBooksActivity.com/Recensione50

Grazie per il vostro aiuto e buon divertimento!

Tutta la squadra

1 - Scacchi

Թ	Խ	Ա	Ղ	Ա	Ց	Ո	Ղ	Պ	Ձ	Ձ	Ս	Ռ	Ղ
Պ	Ա	Ս	Ի	Վ	Ջ	Չ	Ե	Մ	Պ	Ի	Ո	Ն	Ֆ
Ն	Ղ	Գ	Օ	Ն	Վ	Ձ	Պ	Ի	Վ	Վ	Վ	Բ	Ի
Գ	Ֆ	Գ	Ո	Ը	Խ	Ե	Լ	Ա	Ց	Ի	Ո	Օ	Է
Մ	Մ	Ր	Ղ	Ւ	Վ	Օ	Ս	Վ	Տ	Ծ	Ր	Հ	Ղ
Կ	Ր	Կ	Փ	Ս	Հ	K	Ե	Ո	P	Գ	Ե	Ա	Չ
Ա	Ց	Ց	Ս	Ռ	Պ	Ի	Ւ	Ր	A	Ք	Լ	Կ	Չ
Ն	Ա	Ր	Ո	Է	Ձ	Ի	Ժ	Ա	Մ	Ա	Ն	Ա	Կ
Ո	Շ	K	Ղ	Ւ	Լ	Ջ	Տ	Շ	Լ	Շ	Ն	Ռ	Շ
Ն	Ա	Լ	Ո	Բ	Յ	Դ	Ր	Ա	Դ	Ց	Ս	Ա	Յ
Ն	Ր	Ա	Ւ	P	Մ	Թ	Ր	Ի	Կ	Ժ	Տ	Կ	Դ
Ե	Խ	Շ	Ն	Թ	Ա	Գ	Ա	Վ	Ո	Ր	Ը	Ո	Ց
Ր	P	Պ	Ս	Ն	P	Ֆ	Տ	K	Ը	Ֆ	Ո	Ր	Կ
Թ	H	Վ	Ֆ	Թ	Մ	K	Ձ	H	Մ	Ռ	Տ	Դ	Ք

ՀԱԿԱՌԱԿՈՐԴ
ՍՊԻՏԱԿ
ՉԵՄՊԻՈՆ
ՄՐՑՈՒՅԹ
ԽԱՂԱՑՈՂ
ԽԱՂ
ԽԵԼԱՑԻ
ՍԵՒ
ՊԱՍԻՎ
ՍՈՎՈՐԵԼ
ՄԻԱՎՈՐ
ԹԱԳԱՎՈՐԸ
ԹԱԳՈՒՀԻ
ԿԱՆՈՆՆԵՐ
ՍՈՂՈՒՆ
ԺԱՄԱՆԱԿ
ՄՐՑԱՇԱՐ

2 - Aggettivi #2

Ֆ	Բ	Հ	Հ	Ս	Ն	Ո	Հ	H	K	Ֆ	Փ	Հ	Վ
Ղ	Ա	Ղ	Ի	P	Ծ	Ո	Ւ	Ա	Ն	Ք	Ս	Է	Ա
Ն	Ր	Ը	Հ	Ո	Հ	Ծ	Խ	Ժ	Յ	Ց	Պ	Ր	Վ
Մ	Դ	Ճ	Ե	Ւ	Պ	Ն	Ո	Ր	Ե	Տ	Ա	Ք	Ե
Չ	Յ	Օ	Տ	Տ	Ա	Կ	Ա	Ջ	Չ	Ղ	Ն	Տ	Ր
Ն	Ո	Դ	Ա	Ե	Ր	Ա	Ա	Ք	Չ	Ս	Ծ	Ի	Ա
Ո	Ւ	Ր	Ք	Լ	Տ	Ր	Մ	Ա	Ք	Ո	Ւ	Ր	Կ
Ր	Ն	Ա	Ր	Ի	Շ	Ա	Գ	Կ	Ա	Վ	P	Ա	Ա
Մ	Ա	Մ	Ք	Գ	Ձ	Գ	Ը	Ե	Ղ	Ա	Կ	Ի	Ն
Ա	Վ	Ա	Ի	Ձ	Յ	Ր	Ճ	Ա	Ց	Ծ	Ֆ	Պ	Ծ
Լ	Ե	Տ	Ր	Ց	Յ	Ա	Ռ	A	Ր	Ի	Ժ	Ի	Ր
Ղ	Տ	Ի	Ծ	Շ	Ծ	Կ	Ա	Ռ	Ո	Ղ	Ջ	Շ	Ձ
Պ	Ո	Կ	K	Հ	Ղ	Ա	Ե	Կ	Ր	Գ	Ն	Կ	Շ
E	Ե	Ք	Ճ	Դ	Բ	Ն	Ա	Կ	Ա	Ն	Փ	E	Ե

ՍՈՎԱԾ
ՉՈՐ
ՎԱՎԵՐԱԿԱՆ
ՏԱՔ
ՈՒՏԵԼԻ
ՆԿԱՐԱԳՐԱԿԱՆ
ՔԱՂՑՐ
ԴՐԱՄԱՏԻԿ
ՀԱՅՏՆԻ
ՈՒԺԵՂ
ՀԵՏԱՔՐՔԻՐ
ԲՆԱԿԱՆ
ՆՈՐՄԱԼ
ՆՈՐ
ՀՊԱՐՏ
ԱՐԴՅՈՒՆԱՎԵՏ
ՄԱՔՈՒՐ
ԱՂԻ
ԱՌՈՂՋ

3 - Mobili

Վ	Ը	Հ	Շ	P	Օ	Ս	Ժ	Խ	Տ	Վ	Ժ	Ր	Զ
Ա	Գ	Մ	Ա	Հ	Ճ	Ա	Կ	Ա	Լ	Ի	Է	Ւ	Թ
Ր	Բ	Թ	Ւ	Յ	Ժ	Պ	Ժ	Թ	Տ	Ֆ	Ե	Ե	Ծ
Ա	P	Ռ	Ս	Ռ	Ե	Շ	Ո	Ո	Պ	Յ	Ի	Ֆ	Վ
Գ	Ռ	Ւ	Գ	Լ	Գ	Լ	Հ	Ռ	Ա	P	Ա	Ջ	Թ
Ո	Ք	Ը	Ր	Ո	Ա	Ծ	Ի	Ֆ	Ո	Ւ	Տ	Ո	Ն
Ւ	Ք	Բ	Ա	Գ	Ր	Մ	Յ	Ծ	Պ	Դ	Ն	Բ	Ե
Յ	Ա	Ց	Ս	Տ	Պ	Գ	Պ	Դ	Պ	Ի	Ղ	Ա	Ր
Ր	P	A	Ե	Բ	Ա	Ր	Ձ	Ի	Կ	Ն	Ե	Ր	Ք
Ն	Դ	Զ	Ղ	Բ	Ա	Զ	Կ	Ա	Թ	Ո	Ռ	Ձ	Ն
Ե	Պ	Դ	Ա	Ր	Ա	Կ	Ն	Ե	Ր	Պ	Խ	Գ	Ա
Ր	Ժ	Ծ	Ն	Ջ	Պ	Ղ	Լ	E	Պ	Ձ	Ք	Ֆ	Կ
Դ	Ա	Զ	Գ	Ա	Հ	Ո	Շ	Օ	Ի	Է	Է	Ճ	Ո
Գ	Ր	Ա	Պ	Ա	Հ	Ա	Ր	Ա	Ն	Ո	Բ	Դ	Է

ԲԱՐՁԻԿՆԵՐ
ԲԱՐՁ
ՖՈՒՏՈՆ
ԼԱՄՊ
ՄԱՀՃԱԿԱԼ
ԳՐԱՊԱՀԱՐԱՆ
ՆԵՐՔՆԱԿ
ԴԱԶԳԱՀ
ԲԱԶԿԱԹՈՌ
ԴԱՐԱԿՆԵՐ
ԳՐԱՍԵՂԱՆ
ԱԹՈՌ
ՀԱՅԵԼԻ
ԳՈՐԳ
ՎԱՐԱԳՈՒՅՐՆԵՐ

4 - Pesca

Խ	Հ	Խ	Ա	Յ	Ծ	Լ	Ձ	Թ	Օ	Ր	Ղ	Ղ	P
Ո	Ա	Է	P	Ֆ	Փ	Ո	Ա	Թ	Վ	Ֆ	Ո	Ռ	Ո
Հ	Մ	Է	Դ	Բ	Ա	Ղ	Մ	Յ	Կ	Ր	Օ	Ճ	Ծ
Ա	Բ	Ր	Ց	Ո	Կ	Ա	Բ	Ն	Ի	Չ	Գ	Պ	Բ
Ր	Ե	Ց	H	Դ	K	Փ	Յ	Պ	Ա	Բ	Ժ	Ը	Լ
Ա	Ր	Լ	Ե	Կ	Ը	Ց	Ո	Ե	Ն	Գ	Ի	Լ	Ս
Ր	Ո	Ր	Ի	Է	Թ	P	Ւ	Ծ	Ո	A	Ծ	Խ	Ւ
Ջ	Ւ	Ո	A	Ճ	E	Պ	Ղ	Ն	Ս	Օ	H	Խ	Ժ
Ն	Թ	Օ	Ր	Ձ	Ս	Ե	Ձ	Ո	Ն	Ո	Հ	Ձ	Ջ
K	Ց	Ե	Գ	Ս	Ք	Գ	Ե	Տ	Ջ	Ա	Տ	Ց	Ը
Ռ	Ո	P	Դ	Տ	Ա	Ղ	P	Ղ	Ո	P	Վ	Ք	Ւ
Հ	Ւ	Ա	Դ	Ն	Ճ	Լ	Ք	A	Ւ	E	Օ	Ա	Փ
Ո	Ն	Ռ	Գ	Պ	Ը	Է	Ճ	Է	Ր	Կ	Մ	Կ	Կ
Ժ	K	Ց	Ջ	Դ	Ւ	P	Տ	Ո	Ի	P	P	Փ	Ղ

ՋՈՒՐ
ՆԱՎԱԿ
ԳԻԼՍ
ՁԱՄԲՅՈՒՂ
ԽՈՀԱՐԱՐ
ԽԱՅԾ
ԳԵՏ
ՈՐՍԱԼ
ԼԻՃ
ԾՆՈՏ
ՕՎԿԻԱՆՈՍ
ՀԱՄԲԵՐՈՒԹՅՈՒՆ
ՔԱՃԸ
ԼՈՂԱՓ
ՍԵՁՈՆ

5 - Aggettivi #1

Ա	Ր	Ժ	Ե	Ք	Ա	Վ	Ո	Ր	Ը	Ժ	Կ	Ե	Ժ
Ա	Փ	H	Ւ	Ղ	Ա	Հ	Պ	Է	Ռ	Ը	Հ	Ր	Մ
Ա	Զ	Թ	Ա	Թ	Ց	Դ	Ա	Ն	Դ	Ա	Ղ	Կ	Լ
Կ	Ռ	Ն	A	Զ	Ջ	Չ	Թ	Վ	Ց	A	Զ	Ա	E
Ա	Ն	Ա	Ի	Ա	Կ	Տ	Ի	Վ	Ա	Է	Ո	Ր	P
Տ	Ո	Ղ	Տ	Վ	Ծ	Ա	Ն	Ր	Ն	Կ	Յ	Յ	Ե
Ա	Ւ	Ս	Ր	Ա	Վ	E	P	Ջ	Ւ	Զ	Ն	Ռ	Ր
Ր	Յ	Ր	Ռ	Տ	Ձ	Փ	Կ	H	Ե	Ո	Հ	Ո	Ի
Յ	Ն	Ւ	Մ	Ղ	Ն	Ե	Զ	Ո	Ռ	Տ	Ց	Բ	Տ
Ա	Ա	Յ	Գ	Հ	Ը	Թ	Ռ	Ձ	Վ	Ի	Չ	Ա	Ա
Լ	Կ	Ա	Ր	Ե	Ւ	Ո	Ր	Ն	Մ	Կ	Թ	Ր	Ս
Ժ	Ա	Մ	Ա	Ն	Ա	Կ	Ա	Կ	Ի	Ց	H	Ա	Ա
Ն	Ն	Ե	Հ	Ս	Կ	Ա	Յ	Ա	Կ	Ա	Ն	Կ	Ր
H	Թ	Ծ	Բ	Ա	Ց	Ա	Ր	Ձ	Ա	Կ	Ռ	Զ	Դ

ՀԱՎԱԿՆՈՏ
ԲԱՑԱՐՁԱԿ
ԱԿՏԻՎ
ՀՍԿԱՅԱԿԱՆ
ԷԿԶՈՏԻԿ
ԱՌԱՏԱՁԵՌՆ
ԵՐԻՏԱՍԱՐԴ
ՄԵԾ
ՆՈՒՅՆԱԿԱՆ
ԿԱՐԵՒՈՐ
ԴԱՆԴԱՂ
ԵՐԿԱՐ
ԺԱՄԱՆԱԿԱԿԻՑ
ԱԶՆԻՎ
ԿԱՏԱՐՅԱԼ
ԾԱՆՐ
ԱՐԺԵՔԱՎՈՐ
ԲԱՐԱԿ

6 - Geologia

Ճ	H	Հ	Ա	Ն	Ա	Ծ	Ո	Ֆ	Ը	Ք	Ա	Բ	Ո
Ա	Ա	Խ	Շ	Է	Կ	Փ	E	Դ	Լ	Գ	Շ	Յ	Ո
Զ	Ղ	Մ	Ե	Խ	Ր	Չ	Է	H	Լ	Ե	Խ	Ո	Ր
Վ	Թ	Ղ	Ր	Ր	Ս	Ո	Ե	Լ	E	Յ	Ա	Ւ	Ձ
Պ	Մ	Շ	Տ	Խ	Կ	Ց	Զ	Չ	Զ	Զ	Ր	Ր	Ա
Ն	Կ	Կ	Պ	Լ	K	Ր	Հ	Ի	Հ	Ե	Հ	Ե	Ք
Հ	Ր	Ա	Բ	Ո	Ւ	Խ	Ա	Ք	Ա	Ր	Ա	Ղ	Ա
Ա	Զ	Լ	Պ	A	Հ	Ւ	Թ	Շ	Ք	Դ	Մ	Ն	Ր
Ն	Ճ	Ց	Տ	Չ	Ջ	Ե	Ո	Լ	Ա	Վ	Ա	Ե	Պ
Ք	Պ	Ի	Հ	Հ	Ւ	Թ	Թ	Ո	Ւ	Ր	Ս	Ր	Գ
Ա	Ր	Ո	Կ	Ո	Ր	Ա	Լ	Է	Թ	Ր	Ժ	Ս	Ո
Յ	Մ	Ւ	Ք	Ա	Ր	Ա	Ն	Ձ	Ա	Վ	Ի	P	Տ
Ի	Ջ	Մ	Ս	Տ	Ա	Լ	Ա	Կ	Տ	Ի	Տ	Ք	Ի
Ն	Ս	Ա	Ր	Ա	Հ	Ա	Ր	Թ	Գ	Ր	Ո	Փ	Չ

ԹԹՈՒ
ՍԱՐԱՀԱՐԹ
ԿԱԼՑԻՈՒՄ
ՔԱՐԱՆՁԱՎԻ
ԱՇԽԱՐՀԱՄԱՍ
ԿՈՐԱԼ
ԲՅՈՒՐԵՂՆԵՐ
ԷՐՈԶԻԱ
ՀԱՆԱԾՈ
ԳԵՅԶԵՐ
ԼԱՎԱ
ՀԱՆՔԱՅԻՆ
ՔԱՐ
ՈՐՁԱՔԱՐ
ԱՂ
ՍՏԱԼԱԿՏԻՏ
ՇԵՐՏ
ԵՐԿՐԱՇԱՐԺ
ՀՐԱԲՈՒԽ
ԳՈՏԻ

7 - Campeggio

Կ	Լ	Ի	Ճ	Վ	Ջ	Լ	A	Գ	Լ	Խ	Ա	Ր	Կ
Ր	Ե	Ճ	Պ	Ր	A	Ո	Ո	Ֆ	Ե	A	Ր	Ա	Բ
Ա	Է	Ն	K	Ա	Չ	A	Ձ	Ւ	Ռ	Ւ	Կ	Ֆ	Ն
Կ	Ճ	Ա	Դ	Ն	H	Ղ	Շ	K	Ս	Մ	Ա	Ի	Ո
Զ	Ն	Վ	Գ	Ա	Ո	Ր	Ս	Ր	Ժ	Ի	Ծ	Ժ	Ւ
P	Պ	Ա	Ր	Ա	Ն	Ս	Ֆ	Ր	Ն	Ջ	Ն	Ա	Թ
Ծ	Ւ	Կ	Դ	Տ	Մ	Ի	Ի	Ց	Փ	Ա	Տ	Մ	Յ
Ջ	Ա	Յ	Ջ	A	Ի	Ք	Ն	Լ	Յ	Տ	Ն	Ա	Ո
Լ	Ճ	Ռ	Ք	Ձ	Ե	Ա	Ֆ	Ե	Է	Տ	Ա	Ն	Ւ
Ժ	Խ	Խ	Ե	Ղ	Ա	Ր	Տ	Օ	Ր	Յ	Կ	Ց	Ն
Չ	Ը	Ղ	Ֆ	Ր	Ն	Տ	Է	Ց	Հ	Յ	Ո	Ջ	Ս
H	Ծ	Ռ	Ր	Ծ	Տ	Ե	Տ	Ն	Դ	Ժ	Ւ	Ը	Յ
Ի	Է	Դ	Ի	Ի	Ա	Չ	Բ	Ֆ	A	Օ	Մ	Օ	Շ
Գ	Ձ	Պ	Վ	Պ	Ռ	Ճ	Է	Լ	Թ	Տ	Օ	Յ	Յ

ԾԱՌԵՐ
ԿԵՆԴԱՆԻՆԵՐ
ԱՐԿԱԾ
ՏՆԱԿՈՒՄ
ՈՐՍ
ՆԱՎԱԿ
ԳԼԽԱՐԿ
ՊԱՐԱՆ
ԺԱՄԱՆՑ
ԱՆՏԱՌ
ԿՐԱԿ
ՄԻՋԱՏ
ԼԻՃ
ԼՈՒՍԻՆ
ՔԱՐՏԵԶ
ԼԵՌ
ԲՆՈՒԹՅՈՒՆ
ՎՐԱՆ

8 - Arti Visive

Փ	Ա	Յ	Տ	Ա	Ծ	Ո	Ւ	Խ	Ն	Լ	Դ	Է	Ա
Ձ	Ձ	Շ	Գ	Շ	Ց	Ղ	Ժ	Ւ	Կ	Ֆ	Ի	Լ	Մ
Վ	K	Վ	Ր	Լ	Ա	Կ	Ա	Վ	Ա	Ռ	Մ	Յ	Ք
Ե	Ձ	Չ	Ի	Ա	Ո	Բ	Խ	Ց	Ր	Յ	Ա	Ե	Ժ
Ս	Ձ	Յ	Չ	Ք	Ֆ	Ւ	Լ	Դ	Ի	Ի	Ն	Ռ	H
Ւ	Ս	Զ	Ե	Ը	Պ	Զ	Խ	Ո	Չ	K	Կ	Ա	Զ
H	Ժ	Գ	Է	Շ	Ձ	Ձ	Ղ	Գ	Ն	Ր	Ա	Ն	Գ
Կ	Ե	Ր	Ա	Մ	Ի	Կ	Ա	Մ	Ո	Մ	Ր	Կ	Յ
Տ	Գ	Ձ	Բ	Ք	Ա	Ն	Դ	Ա	Կ	Ր	Ի	Ա	Լ
Ն	Պ	Ա	Տ	Կ	Ե	Ր	Ֆ	Մ	Կ	Կ	Ծ	Ր	Տ
Կ	Լ	Ո	Ւ	Ս	Ա	Ն	Կ	Ա	Ր	Ա	Զ	Ո	Ս
Ա	Գ	Ց	Ի	Դ	Ռ	Ռ	Ջ	Տ	Ձ	Վ	Ձ	Ֆ	Ց
Ր	Վ	Թ	Վ	Մ	Ց	Ք	Ք	Ի	Չ	Ի	Դ	Մ	Ճ
E	O	Բ	Դ	P	Ը	Ւ	Ք	Տ	Ձ	Ճ	Ժ	P	Ը

ԿԱՎ
ՆԿԱՐԻՉ
ԳԼՈՒԽԳՈՐԾՈՑ
ՓԱՅՏԱԾՈՒԽ
ՊԱՏԿԵՐ
ՄՈՄ
ԿԵՐԱՄԻԿԱ
ԿԱԶՄԸ
ՖԻԼՄ
ԼՈՒՍԱՆԿԱՐ
ԿԱՎԻՃ
ՄԱՏԻՏ
ԳՐԻՉ
ՆԿԱՐ
ՅԵՌԱՆԿԱՐ
ԴԻՄԱՆԿԱՐ
ՔԱՆԴԱԿ
ՇԱԲԼՈՆ
ԼԱՔ

9 - Tempo

Յ	Վ	Կ	Հ	Շ	Դ	Ա	Ր	Ժ	Ը	Տ	Զ	Լ	Ֆ
Գ	Ի	Շ	Ե	Ր	Մ	Ռ	Յ	Զ	Ժ	Ա	Մ	Փ	Ն
Շ	Ո	Ւ	Տ	Ո	Վ	Ա	Ո	Ս	Ը	Ր	Ք	Ռ	Զ
Ո	K	Ո	Ո	Ճ	Է	Վ	Ի	Ճ	Օ	Ի	P	Ս	Ճ
Ն	Ա	Խ	Ք	Ա	Ն	Ո	Ո	Պ	Ծ	Ր	H	Կ	Ճ
Տ	E	Թ	Ժ	Կ	Է	Տ	Ը	Տ	Շ	Տ	Ի	Ա	Ց
Ժ	Ա	Մ	Ա	Ց	Ո	Ւ	Յ	Ց	Ա	Ր	Ո	Պ	Ե
Լ	Տ	Ի	Ո	Օ	Պ	Է	E	Ք	Բ	Պ	Ժ	Դ	Ր
Տ	Ա	Ս	Ն	Ա	Մ	Յ	Ա	Կ	Ա	Խ	Ա	H	Ե
Օ	Ր	Ա	Ց	Ո	Ւ	Յ	Ց	Ճ	Թ	Ա	Օ	Գ	Կ
Ն	Ե	Թ	Ղ	Մ	Ա	Փ	Չ	Ղ	Ք	Ը	Մ	Խ	Ա
Փ	Կ	Ղ	Շ	Հ	Ք	Ա	Պ	Ն	P	Պ	Ր	Ի	Դ
Օ	Ա	Յ	E	Կ	P	Ց	Է	Ժ	Ղ	Ա	Յ	Պ	Ս
Ր	Ն	Ք	Կ	Ե	Ս	Օ	Ր	Ի	K	Ւ	Ւ	Ի	Ր

ՏԱՐԻ
ՏԱՐԵԿԱՆ
ՕՐԱՑՈՒՅՑ
ՏԱՍՆԱՄՅԱԿ
ՀԵՏՈ
ԱՊԱԳԱ
ՕՐ
ԵՐԵԿ
ԱՌԱՎՈՏ
ԱՄԻՍ
ԿԵՍՕՐ
ՐՈՊԵ
ԳԻՇԵՐ
ԱՅՍՕՐ
ԺԱՄ
ԺԱՄԱՑՈՒՅՑ
ՇՈՒՏՈՎ
ՆԱԽՔԱՆ
ԴԱՐ
ՇԱԲԱԹ

10 - Autunno

Մ	Ա	Գ	Ա	Ք	Ծ	Ղ	Խ	Ռ	E	Հ	Շ	Լ	Ս
Ի	Ի	Մ	P	Մ	Հ	Ձ	Պ	Ջ	Լ	Կ	Ա	Փ	Ե
Ս	Պ	Գ	Ի	Վ	Ք	Ա	Լ	Ր	Ե	Դ	Գ	Ա	Զ
Ա	Օ	Ժ	Ր	Ս	Փ	K	Գ	Ժ	Փ	Ի	Ա	Ռ	Ո
Ռ	Տ	Ե	Ղ	Ա	Ն	Ա	Կ	Ո	Ղ	Կ	Ն	Ա	Ն
Ն	Գ	Ե	K	Ւ	Ց	Ե	Շ	Վ	Ւ	K	Ա	Տ	Ա
Ա	Է	Տ	Ւ	Ր	Ֆ	Ի	Ր	Կ	Մ	Ս	Կ	Ո	Յ
Մ	Օ	Ւ	Մ	Գ	Ւ	Կ	Ա	Ղ	Ի	Ն	Տ	Ն	Ի
Ա	Ճ	Ձ	Բ	Ն	Ո	Ւ	Թ	Յ	Ո	Ւ	Ն	Ե	Ն
Ն	Կ	Լ	Ի	Մ	Ա	Է	Ք	Վ	Ի	Ն	Ո	Ք	Ս
Ի	Խ	Ն	Ձ	Ո	Ր	Խ	Ղ	Ց	Ք	Ժ	Ծ	Լ	Ց
Ք	Պ	Տ	Ղ	Ա	Տ	Ո	Ւ	Ա	Յ	Գ	Ի	E	Դ
Ջ	Ե	Տ	Ք	Ք	Յ	Հ	Ր	Դ	Ե	Հ	Ն	Ե	Ր
Թ	E	Ֆ	Զ	Ք	Ր	Ը	Ւ	Ը	Դ	Ր	Ռ	Դ	Մ

ՀԱԳՈՒՍՏ
ՇԱԳԱՆԱԿ
ԿԼԻՄԱ
ԷՔՎԻՆՈՔՍ
ՓԱՌԱՏՈՆ
ՊՏՂԱՏՈՒ ԱՅԳԻ
ՍԱՌՆԱՄԱՆԻՔ
ԿԱՂԻՆ
ՀՐԴԵՀՆԵՐ
ԽՆՁՈՐ
ԱՄԻՍՆԵՐ
ԵՂԱՆԱԿ
ՄԻԳՐԱՑԻԱՅԻ
ԲՆՈՒԹՅՈՒՆ
ՍԵԶՈՆԱՅԻՆ

11 - Astronomia

Տ	Ի	Ե	Ջ	Ե	Ր	Ա	Գ	Ե	Տ	Ե	Հ	Ճ	Ճ
Ս	Ո	Ւ	Պ	Ե	Ր	Ն	Ո	Վ	Ա	Ր	Ր	Ա	Ա
Մ	Ո	L	Ո	Ր	Ա	Կ	Հ	Ը	Է	Կ	Թ	Թ	Ռ
K	Տ	Ա	Ս	Տ	Ղ	Ա	Գ	Ե	Տ	Ի	Ի	Ի	Ա
L	Ի	Ա	Ս	Տ	Ե	Ր	Ո	Ի	Դ	Ն	Ռ	Ռ	Գ
Մ	Ե	Տ	Ե	Ո	Ր	Յ	Ճ	Ֆ	Ր	Ք	Տ	O	Ա
Ն	Ջ	Ր	Ժ	Ր	Ա	Ր	Ե	Ւ	Ա	Յ	Ի	Ն	Յ
Բ	Ե	Չ	Կ	Է	Կ	Ծ	A	Ֆ	Չ	Հ	Փ	Ւ	Թ
Ղ	Ր	Բ	Ս	Ի	Ծ	Ն	Ջ	Ձ	H	Պ	Հ	Ը	Ո
Ֆ	Ք	Չ	Ո	Ռ	Ր	Է	Ա	Վ	K	Ֆ	Ո	E	Ւ
Ք	Վ	Չ	Չ	Ւ	K	Ֆ	Ծ	Յ	O	Չ	Ն	Ռ	Մ
Ղ	Ջ	Ե	A	Ր	L	Է	Ք	Վ	Ի	Ն	Ո	Ք	Ս
L	Ո	Ւ	Ս	Ի	Ն	Ա	Ս	P	Ձ	Ն	H	Ս	Բ
Գ	Ա	L	Ա	Ք	Ս	Ի	Ա	Կ	Բ	K	Ւ	Շ	P

ԱՍՏԵՐՈԻԴ
ՏԻԵՋԵՐԱԳԵՏ
ԱՍՏՂԱԳԵՏ
ԵՐԿՆԱՅԻՆ
ԵՐԿԻՆՔ
ԷՔՎԻՆՈՔՍ
ԳԱԼԱՔՍԻԱ
ԼՈՒՍԻՆ
ՄԵՏԵՈՐ
ՆԵԲՈՒԼԱ
ՄՈԼՈՐԱԿ
ՃԱՌԱԳԱՅԹՈՒՄ
ՀՐԹԻՌ
ԱՐԵՒԱՅԻՆ
ՍՈՒՊԵՐՆՈՎԱ
ԵՐԿԻՐ
ՏԻԵԶԵՐՔ

12 - Circo

Փ	Վ	Կ	Ա	Պ	Ի	Կ	Օ	Ը	Կ	Ա	Օ	Հ	Շ
Ո	Ե	Ա	Կ	Ա	Խ	Ա	Ր	Դ	Ո	Տ	Տ	Ա	Ո
Ւ	Ր	Խ	Գ	Փ	Ի	Ղ	Զ	K	Ս	Ն	Ք	Ն	Ո
Չ	Ա	Ա	Կ	Ր	Ո	Բ	Ա	Տ	Տ	Ժ	Կ	Դ	Ւ
Ի	Ժ	Ր	Ե	Հ	Փ	Ղ	Ց	Ծ	Յ	E	Բ	Ի	Շ
Կ	Շ	Դ	Ն	Ա	Ն	Տ	L	Տ	Ո	Հ	Մ	Ս	Ք
Ն	Տ	Ա	Դ	Ռ	Խ	Ա	Ջ	Ց	Ւ	Ե	Ծ	Ա	Ե
Ե	Ո	Կ	Ա	Յ	Հ	Չ	Ր	Փ	Մ	Ո	Ա	Տ	Ր
Ր	Ւ	Ա	Ն	Ո	Ծ	H	Ն	Ք	H	Վ	Ղ	Ե	Թ
H	Թ	Ն	Ի	Ւ	Ջ	Ո	Ն	Գ	L	Ե	Ր	Ս	Խ
Ֆ	Յ	Փ	Ն	Ծ	Դ	E	Ա	Ղ	Տ	A	Ա	Ա	Ջ
Խ	Ո	Ո	Ե	Վ	Ր	Կ	Ջ	Զ	Ո	Ղ	Ծ	Ռ	Ն
Խ	Ւ	Խ	Ր	Յ	Ֆ	Ծ	Ֆ	Շ	Մ	Ւ	Ո	Մ	Շ
Ճ	Ն	Զ	Ի	Զ	L	Ռ	Չ	Շ	Ս	Ջ	Ւ	O	L

ԱԿՐՈԲԱՏ
ԿԵՆԴԱՆԻՆԵՐ
ՏՈՄՍ
ԾԱՂՐԱԾՈՒ
ԿՈՍՏՅՈՒՄ
ՓԻՂ
ՋՈՆԳԼԵՐ
ԱՌՅՈՒԾ
ԿԱԽԱՐԴԱԿԱՆ
ԿԱԽԱՐԴ
ՇՈՈՒ
ԵՐԱԺՇՏՈՒԹՅՈՒՆ
ՓՈՒՉԻԿՆԵՐ
ՇՔԵՐԹ
ԿԱՊԻԿ
ՀԱՆԴԻՍԱՏԵՍ
ՎՐԱՆ
ՎԱԳՐ
ՀՆԱՐՔ

13 - Mitologia

Ճ	Է	Ա	Խ	Ա	Ն	Դ	Ը	Յ	Կ	Օ	Ղ	Լ	Ս
Դ	Ռ	Կ	Վ	Ն	Վ	Ա	Ր	Ք	Ա	Գ	Ի	Ծ	Տ
Մ	E	Զ	Օ	Մ	K	Պ	Ց	Ր	Խ	E	Ռ	P	Ե
Շ	Հ	Գ	Մ	Ա	Հ	Կ	Ա	Ն	Ա	Ց	Ո	Ւ	Ղ
Ա	Ղ	Ե	Տ	Հ	Հ	Լ	Փ	Ճ	Ր	Ո	Ւ	Ժ	Ծ
Կ	Ս	Ժ	Է	Ո	Ե	Ա	Ձ	K	Դ	Ր	Վ	Ա	Ո
Ո	Ր	Ո	Տ	Ւ	Ր	Բ	Ձ	Ո	Ա	Ո	Օ	Խ	Ւ
Ւ	Ա	Ղ	Թ	Թ	Ո	Ի	Ռ	Ձ	Կ	Ւ	Ք	Հ	Մ
Յ	Ր	Ն	Կ	Յ	Ս	Ր	Ա	Ր	Ա	Ր	Ա	Ծ	Ս
Թ	Ք	Յ	Ռ	Ո	Վ	Ի	Զ	Ն	Ն	Չ	Ձ	Ը	Զ
Շ	Ե	Հ	Վ	Ւ	Զ	Ն	Մ	Ե	Ր	Կ	Ի	Ն	Ք
Ի	Տ	Չ	Ր	Ն	Խ	Թ	Ի	Բ	Զ	Է	Ձ	Շ	E
Զ	Ի	P	Ե	Ե	Ձ	Ո	Կ	Լ	Ե	Գ	Ե	Ն	Դ
Օ	Պ	Դ	Ժ	Թ	Շ	Ս	Դ	Կ	Ա	Յ	Ծ	Ա	Կ

ԱՐՔԵՏԻՊ
ՎԱՐՔԱԳԻԾ
ԱՐԱՐԱԾ
ՍՏԵՂԾՈՒՄ
ՄՇԱԿՈՒՅԹ
ԱՂԵՏ
ՀԵՐՈՍ
ՈՒԺ
ԿԱՅԾԱԿ
ԽԱՆԴԸ
ՌԱԶՄԻԿ
ԱՆՄԱՀՈՒԹՅՈՒՆ
ԼԱԲԻՐԻՆԹՈՍ
ԼԵԳԵՆԴ
ԿԱԽԱՐԴԱԿԱՆ
ՄԱՀԿԱՆԱՑՈՒ
ՀՐԵՇ
ԵՐԿԻՆՔ
ՈՐՈՏ
ՎՐԵԺ

14 - Piante

Կ	K	E	Թ	Ք	K	Օ	Ե	Ս	Ժ	Բ	Ո	Լ	Ա
Ա	Ճ	Ւ	Ե	Ք	Ղ	E	Պ	Ա	Խ	Ա	Մ	Խ	Ր
Կ	Յ	Հ	Ր	Ք	Ծ	Ծ	Ա	Ղ	Ի	Կ	Ա	Ո	Ե
Տ	Խ	Ա	Ն	Տ	Ա	Ռ	Ր	Ա	Ը	Ս	Մ	Տ	Ւ
Ո	Բ	Տ	Ճ	Կ	Ռ	Զ	Ա	Ր	Ք	Չ	Ո	Ք	Ե
Ւ	Ի	Ա	Լ	Ե	Փ	Ձ	Ր	Թ	Ղ	Ր	Ւ	Ւ	Հ
Ս	Ս	Պ	Գ	Ս	Լ	P	Տ	Օ	Տ	Դ	Ռ	H	Կ
Ո	Է	Տ	Ա	Յ	Գ	Ի	Ա	Ը	Ե	Ժ	Ջ	Մ	Կ
Կ	Ծ	Ո	Չ	Ճ	Ղ	Մ	Ն	Հ	Ր	Ե	Ո	Յ	Դ
Թ	Ը	Ւ	Ռ	E	Զ	Ք	Յ	Ն	Ե	Ձ	Ւ	Փ	Ւ
Ժ	Թ	Ղ	Բ	Ա	Մ	Բ	Ո	Ո	Ւ	Վ	Ն	Ղ	Լ
Ց	Ժ	Ֆ	Գ	Ո	Ֆ	Փ	Ւ	Ծ	Ժ	Օ	Գ	Ր	Ո
Ֆ	Լ	Ո	Ր	Ա	Ւ	Վ	Թ	Ջ	Փ	Փ	Լ	Լ	Բ
Ա	Ր	Մ	Ա	Տ	Ջ	Շ	Գ	Շ	Ժ	Ջ	Ի	Է	Ի

ԾԱՌ
ՀԱՍՏԱՊՏՈՒՂ
ԲԱՄԲՈՈ
ԿԱԿՏՈՒՍ
ԲՈՒՇ
ԱՃԵԼ
ԽՈՏ
ԼՈԲԻ
ՊԱՐԱՐՏԱՆՅՈՒԹ
ԾԱՂԻԿ
ՖԼՈՐԱ
ՏԵՐԵՒ
ՍԱՂԱՐԹ
ԱՆՏԱՌ
ԱՅԳԻ
ՋՈՒՆԳԼԻ
ՄԱՄՈՒՌ
ԹԵՐ
ԱՐՄԱՏ
ԱՐԵՒ

15 - Spezie

Չ	Ջ	Ծ	Հ	Թ	Օ	Ժ	Հ	Ք	Ջ	H	Ե	Մ	Վ
Կ	Ց	Բ	E	Ս	Դ	Ժ	Ք	Ա	Ղ	Ց	Ր	A	Ա
Ս	Ն	Ժ	Ե	Ք	Ր	Ք	Ո	Ւ	Մ	Է	Յ	Չ	Ն
Լ	E	Շ	Ղ	Ս	Ւ	Պ	Պ	Ղ	Պ	Ե	Ղ	Ս	Ի
Ց	Ճ	Ի	Ք	Ս	Հ	Զ	Ե	H	Տ	Ի	Մ	Խ	Լ
Ս	Կ	Ի	Ո	Խ	Չ	Ա	Մ	Ա	Ն	Շ	Շ	Ճ	Ա
H	Ա	Ր	Դ	Տ	Ծ	Ֆ	Ֆ	Ն	Ս	Օ	Կ	Խ	Յ
E	Ր	Մ	H	Ո	Դ	Ր	Չ	Ի	Ո	P	Ը	Պ	Ի
Շ	Ր	Կ	Ի	Ր	Ա	Ա	Ց	Ս	Խ	Լ	Ն	Ա	Ն
Պ	Ի	Է	Ա	Թ	Ռ	Ն	Ր	Ա	Ղ	Փ	Կ	Պ	Վ
Գ	Հ	Ո	A	Խ	Ը	Է	Ձ	Չ	Ֆ	Խ	Ո	Ր	Ց
Կ	Ո	Ճ	Ա	Պ	Ղ	Պ	Ե	Ղ	Ի	Պ	Ւ	Ի	Հ
Հ	Ա	Մ	Ը	Ե	Ի	A	Ո	Թ	H	Ն	Յ	Կ	Ի
Կ	Հ	Դ	A	Բ	Ց	Զ	Ց	Ւ	Օ	Վ	Զ	Ա	Լ

ՍԽՏՈՐ
ԴԱՌԸ
ԱՆԻՍ
ԴԱՐՉԻՆ
ՀԻԼ
ՍՈԽ
ՀԱՄԵՄ
ՉԱՄԱՆ
ՔՐՔՈՒՄ
ԿԱՐՐԻ

ՔԱՂՑՐ
ՍԱՄԻԹ
ՀԱՄԸ
ՄՇԿԸՆԿՈՒՅԶ
ՊԱՊՐԻԿԱ
ՊՂՊԵՂ
ԱՂ
ՎԱՆԻԼԱՅԻՆ
ԶԱՖՐԱՆ
ԿՈՃԱՊՂՊԵՂ

16 - Numeri

Ն	Չ	Տ	Ա	Ս	Ն	Ե	Ր	Ե	Ք	Ե	Զ	Տ	Տ
Պ	Ո	Յ	Ա	Թ	Զ	Ր	Ո	Յ	Օ	Ր	Ձ	Ա	Ա
Օ	Ր	Ա	Զ	Ս	Ռ	Ե	Շ	Ձ	Ո	Կ	Ս	Ս	Ս
A	Ս	Հ	Օ	Յ	Ն	Ք	Բ	Ժ	Ք	Ո	Ն	Ն	Ն
Տ	Վ	Ճ	Ը	Ժ	E	Ի	Լ	Դ	Փ	Ւ	Ի	Ո	Հ
Ա	Ա	A	Ի	Ո	Ր	Ն	Ն	Խ	Լ	Ջ	Ժ	Ր	Ի
Ս	Ծ	Ս	Ղ	Վ	Զ	Ը	Չ	Ը	Յ	Ո	Թ	Դ	Ն
Ն	P	Թ	Ը	Ե	Տ	Ա	Ս	Ն	Յ	Ո	Թ	Ա	Գ
Չ	Լ	K	Շ	Ց	Տ	Ա	Ս	Ն	Ո	Ւ	Թ	Կ	Ձ
Ո	Տ	Ա	Ս	Ն	Ե	Ր	Կ	Ո	Ւ	Ձ	A	Ա	Ժ
Ր	Հ	Չ	Մ	Ք	Ս	Ա	Ն	Ն	Թ	Մ	A	Ն	Դ
Ս	Բ	Ի	Ո	Ձ	Մ	Ք	Փ	Հ	Մ	Ն	E	Ի	Ձ
Տ	Ա	Ս	Ն	Վ	Ե	Ց	Ջ	Ր	Հ	Չ	Ի	Փ	Ը
Մ	Ձ	P	H	Գ	Ֆ	Ծ	Ն	H	Ը	Մ	Ո	A	Ֆ

ՀԻՆԳ
ՏԱՍՆՈՐԴԱԿԱՆ
ՏԱՍՆԻՆԸ
ՏԱՍՆՅՈԹ
ՏԱՍՆՈՒԹ
ՏԱՍԸ
ՏԱՍՆԵՐԿՈՒ
ԵՐԿՈՒ
ԻՆԸ
ՈՒԹ
ՏԱՍՆՉՈՐՍ
ՉՈՐՍ
ՏԱՍՆՀԻՆԳ
ՏԱՍՆՎԵՑ
ՎԵՑ
ՅՈԹ
ԵՐԵՔ
ՏԱՍՆԵՐԵՔ
ՔՍԱՆ
ԶՐՈ

17 - Cioccolato

Ք	Փ	Կ	Ա	Լ	Ո	Ր	Ի	Ա	Ն	Ե	Ր	Օ	K
Ա	Ո	Յ	Զ	Ռ	E	Ի	Օ	Յ	Շ	P	Ք	Բ	Ք
Ղ	Շ	Ն	Կ	Դ	Է	Չ	Զ	Ւ	Է	Զ	Կ	Ա	Ք
Ց	Ի	Ձ	Բ	Ա	Ղ	Ա	Դ	Ր	Ի	Չ	Ո	Ղ	Հ
Ր	Ը	Ն	Ր	Ռ	Ր	Հ	Ժ	Ծ	Ւ	Հ	Կ	Ա	Ա
Ի	Ե	Ս	Թ	Ը	Ք	Ա	Ա	Ճ	Թ	Հ	Ո	Դ	Կ
Է	Կ	Զ	Ո	Տ	Ի	Կ	Մ	Մ	Ռ	Ա	Ս	Ր	Ա
Ք	Ս	Է	Ր	Ժ	Ծ	Դ	Ս	Ե	Ժ	Մ	Ք	Ա	Ք
Տ	Տ	A	Ա	Վ	Ռ	Թ	Զ	Ի	Լ	Ե	Փ	Տ	Ս
Ա	Ֆ	Ս	Կ	Ո	Ւ	Տ	Ե	Լ	Ր	Ղ	Հ	Ո	Ի
Բ	Ո	Ւ	Ր	Մ	Ո	Ւ	Ն	Ք	Ծ	Ա	Ռ	Մ	Դ
Փ	K	Ա	Ղ	Փ	Ծ	Դ	Ձ	Գ	Ղ	Ճ	Ծ	Ս	Ա
Փ	Ն	Ռ	E	A	Լ	K	Բ	Խ	Ց	Պ	Թ	Ը	Ն
Շ	Ա	Ք	Ա	Ր	Օ	Կ	Ա	Կ	Ա	Ո	Ք	Ե	Տ

ԴԱՌԸ
ՀԱԿԱՔՍԻԴԱՆՏ
ԲՈՒՐՄՈՒՆՔ
ԿԱԿԱՈ
ԿԱԼՈՐԻԱՆԵՐ
ԿԱՐԱՄԵԼ
ՀԱՄԵՂ
ՔԱՂՑՐ
ԷԿԶՈՏԻԿ
ՀԱՄ
ԲԱՂԱԴՐԻՉ
ՈՒՏԵԼ
ԿՈԿՈՍ
ՓՈՇԻ
ՍԻՐԱԾ
ՈՐԱԿ
ԲԱՂԱԴՐԱՏՈՄՍԸ
ՇԱՔԱՐ

18 - Guida

Ը	Ա	Վ	Հ	Մ	Ո	Տ	Ո	Ց	Ի	Կ	Լ	Ճ	Ա
Ա	Զ	Ա	Տ	Ե	Լ	Ի	Ց	Ե	Ն	Զ	Ի	Ա	Վ
P	Գ	Ր	Ֆ	Ա	Տ	Շ	Կ	Ւ	Գ	Ա	Զ	Ն	Տ
Ս	Ո	Ո	Ֆ	Զ	Ն	Ի	Ս	Ք	Թ	Ր	A	Ա	Ո
K	Ւ	Ր	Գ	Ր	Ս	Գ	Ո	Ւ	Մ	Գ	Ս	Պ	Բ
Ց	Շ	Դ	Շ	Տ	Ց	Մ	Յ	Տ	Փ	Ե	Տ	Ա	Ո
Փ	Ո	Խ	Ա	Դ	Ր	Ո	Ւ	Մ	Ն	Լ	Հ	Ր	Ւ
Թ	Ւ	Ջ	Ր	Վ	Թ	Ա	Ր	Ե	Ծ	Ա	Ց	Հ	Ս
Ո	Թ	Ո	Ժ	Մ	H	Ջ	Ւ	Ք	Կ	Կ	Յ	E	Չ
Ւ	Յ	O	Ո	A	Ո	H	Ժ	Ե	Տ	Ն	Փ	Ի	Ղ
Ն	Ո	E	Ւ	K	Բ	Տ	Ա	Ն	Ծ	Ե	Թ	Թ	Ն
Ե	Ւ	Ը	Մ	Ն	Դ	Ջ	Ո	Ա	Կ	Ր	Պ	Ր	Տ
Լ	Ն	Ռ	Ո	A	Բ	Ք	Ա	Ր	Տ	Ե	Զ	Ռ	Չ
Շ	Ն	Ա	Վ	Տ	Ո	Տ	Ն	Ա	Կ	Է	Ռ	Ծ	Է

ԶԳՈՒՇՈՒԹՅՈՒՆ
ՎԱՐՈՐԴ
ՄԵՔԵՆԱ
ԱՎՏՈԲՈՒՍ
ԱՐԳԵԼԱԿՆԵՐ
ԱՎՏՈՏՆԱԿ
ԳԱԶ
ՎԹԱՐ
ԼԻՑԵՆԶԻԱ
ՔԱՐՏԵԶ
ՄՈՏՈՑԻԿԼ
ՄՈՏՈՐ
ՀԵՏԻՈՏՆԱՅԻՆ
ՎՏԱՆԳ
ՃԱՆԱՊԱՐՀ
ՇԱՐԺՈՒՄ
ՓՈԽԱԴՐՈՒՄ
ԹՈՒՆԵԼ

19 - Sport

Գ	Յ	Ւ	E	K	Բ	Թ	Մ	Ա	Ր	Զ	Ի	Չ	Դ
Խ	Ի	Ր	Ս	K	Ց	Ե	Ա	Ռ	Ր	Խ	Փ	Վ	Ա
Ա	Բ	Մ	Օ	Զ	Ֆ	Ն	Ր	Ա	Դ	Ս	Ա	Մ	Տ
Ղ	Ե	Մ	Ն	Ք	Տ	Ի	Զ	Ջ	Տ	Ս	P	Ժ	Ա
Ա	Յ	Ա	Խ	Ա	Ղ	Ս	Ի	Ն	Շ	K	Ի	H	Վ
Ց	Ս	Ր	Ա	Ղ	Զ	K	Կ	Ո	E	Ժ	Ը	Ց	Ո
Ո	Բ	Զ	Ո	Ճ	E	Ի	Խ	Ւ	Ւ	Կ	P	Ռ	Ր
Ղ	Ո	Ա	Խ	Ղ	Ո	Հ	Ա	Թ	Գ	Ո	Լ	Ֆ	Զ
Մ	Լ	Դ	Ջ	Հ	Ո	Կ	Ե	Յ	Ի	Ե	Մ	Չ	Հ
Է	Շ	Ա	Ր	Ժ	Ո	Ւ	Մ	Ո	Ռ	Մ	Չ	A	Ա
Փ	Ժ	Շ	Խ	Լ	Ֆ	Ժ	E	Ւ	E	Վ	Ո	Շ	Ղ
Ծ	Լ	Տ	Զ	Շ	Օ	Լ	Ն	Ն	Պ	Բ	Ղ	Ի	Թ
Բ	Ա	Ս	Կ	Ե	Տ	Բ	Ո	Լ	Յ	Լ	Փ	Ճ	Ո
Պ	Լ	Ո	Ղ	Ա	Լ	Հ	Ե	Ծ	Ա	Ն	Ի	Վ	Ղ

ՄԱՐԶԻՉ
ԴԱՏԱՎՈՐ
ՄԱՐԶԻԿ
ԲԵՅՍԲՈԼ
ԲԱՍԿԵՏԲՈԼ
ՀԵՃԱՆԻՎ
ԱՌԱՋՆՈՒԹՅՈՒՆ
ԽԱՂԱՑՈՂ
ԽԱՂ

ԳՈԼՖ
ՀՈԿԵՅ
ՇԱՐԺՈՒՄ
ԼՈՂԱԼ
ԳԻՄՆԱԶԻԱ
ԹԻՄ
ՄԱՐԶԱԴԱՇՏ
ԹԵՆԻՍ
ՀԱՂԹՈՂ

20 - Giocattoli

Ա	Պ	Յ	Ծ	Բ	Ձ	Ց	Բ	Փ	Շ	Ւ	Յ	Կ	Է
Շ	Օ	H	Ի	Ռ	Մ	Հ	Ե	Ծ	Ա	Ն	Ի	Վ	Ր
Թ	Յ	Մ	Փ	Ռ	Պ	P	Ռ	Բ	Խ	H	Ե	Գ	Տ
Ն	Ա	Վ	Ա	Կ	H	Վ	Ն	Ա	Մ	Կ	Ս	Ո	Ա
Տ	Վ	Ռ	Ե	A	Ց	E	Ա	Լ	Ա	Ճ	Տ	Ր	Շ
Ո	Ի	Բ	Շ	Կ	Ա	Վ	Տ	Ֆ	Տ	Պ	Գ	P	Ջ
Գ	Ն	Ա	Ց	Ք	A	Լ	Ա	Մ	Ե	Ք	Ե	Ն	Ա
Ս	Ք	Ղ	Ց	Ռ	Ն	Ե	Ր	Կ	Ե	Ր	Ճ	Ղ	Օ
Ի	Ն	Ռ	Շ	Գ	Ռ	Ղ	Փ	Ժ	Ֆ	H	Ձ	Ջ	K
Ր	Ա	Շ	Ը	Մ	Ո	Գ	Ր	Ք	Ե	Ր	Ծ	Կ	Հ
Ա	Թ	Ռ	K	Ձ	Բ	Է	Ց	Ղ	Վ	Մ	Ճ	Ւ	Ց
Ծ	Ի	A	Ջ	Գ	Ո	Ի	Տ	Ժ	Խ	Ա	Ղ	Ե	Ր
Կ	Ռ	Լ	Տ	Դ	Տ	Հ	Ա	Ն	Ե	Լ	Ո	Ւ	Կ
Տ	Ի	Կ	Ն	Ի	Կ	Ս	Ա	H	Կ	Կ	Օ	Ւ	Ռ

ԻՆՔՆԱԹԻՌ
ԿԱՎ
ՄԵՔԵՆԱ
ՏԻԿՆԻԿ
ՆԱՎԱԿ
ՀԵԾԱՆԻՎ
ԲԵՌՆԱՏԱՐ
ԽԱՂԵՐ
ԳՐՔԵՐ
ԲԱԼ
ՍԻՐԱԾ
ՀԱՆԵԼՈՒԿ
ՌՈԲՈՏ
ՇԱԽՄԱՏ
ԳՆԱՑՔ
ՆԵՐԿԵՐ

21 - Uccelli

Ի	Բ	Ճ	Դ	Ն	Ծ	Չ	Պ	Ժ	К	Ո	Ք	Ի	Ճ
Ր	Բ	Ո	Ն	Է	Е	Դ	Տ	Խ	А	Թ	Տ	Ղ	Ջ
Հ	Տ	Ղ	Ւ	Ճ	Ф	К	А	Բ	Н	Ն	Ք	Մ	Ա
Ը	Ո	Ս	Ն	Р	Ղ	Ջ	Զ	Ղ	А	Չ	Ժ	Ո	Յ
Ը	А	Ф	Ն	Ф	Ը	Ո	Ջ	Ծ	Р	Բ	Ա	Դ	Լ
Е	Ժ	А	Յ	Յ	Ռ	Դ	Ւ	Ղ	Е	Ա	Ա	Լ	Ա
А	Ն	Н	Ս	Ա	Գ	Յ	Կ	Կ	Й	Ր	Ձ	Զ	Մ
Պ	Ի	Ն	Գ	Վ	Ի	Ն	Կ	Р	К	Ա	Ո	Զ	Ե
Բ	Ա	Ր	Ծ	Ի	Վ	Ե	Ո	Գ	А	Գ	Ւ	Տ	Ф
Թ	Ո	Ւ	Թ	Ա	Կ	Ճ	Ւ	Կ	Ճ	Ի	Ռ	Բ	Ջ
Բ	Ի	Ւ	К	Չ	Ա	Ֆ	Կ	Ա	Գ	Լ	Ս	К	Ր
Ա	Ղ	Ա	Վ	Ն	Ի	Հ	Ե	Ր	Ո	Ն	Ց	Խ	Չ
Հ	Ա	Վ	Օ	Թ	Հ	Ա	Վ	Ա	Լ	Ո	Ւ	Ս	Ն
Ս	Ի	Ր	Ա	Մ	Ա	Ր	Գ	Պ	Տ	Ս	Մ	Ա	Դ

ՀԵՐՈՆ
ԲԱԴ
ԱՐԾԻՎ
КАНАРЕЙКА
ԱՐԱԳԻԼ
ԿԱՐԱՊ
ԿԿՈՒԿ
ԲԱԶԵ
ԲՈՒ
ՍԱԳ
ԹՈՒԹԱԿ
ՃՆՃՂՈՒԿ
ՍԻՐԱՄԱՐԳ
ՀԱՎԱԼՈՒՍՆ
ԱՂԱՎՆԻ
ՊԻՆԳՎԻՆ
ՀԱՎ
ՋԱՅԼԱՄ
ՁՈՒ

22 - Giorni e Mesi

Ռ	Է	Ջ	E	Չ	Ո	Ւ	Ր	Բ	Ա	Թ	Ւ	Տ	Ա
A	Ղ	Շ	Ջ	Ն	Ո	Յ	Ե	Մ	Բ	Ե	Ր	Ա	Ն
Հ	Ո	Ւ	Լ	Ի	Ս	Ր	E	E	Ր	P	Ա	Ր	Փ
Մ	Վ	Ժ	Ւ	E	Ե	Շ	Ե	Ջ	Բ	Ջ	Պ	Ի	Ե
Գ	Հ	Ո	Ւ	Ն	Վ	Ա	Ր	Ք	Ն	Լ	Ր	Ֆ	Տ
Հ	Ո	Կ	Տ	Ե	Մ	Բ	Ե	Ր	Շ	Չ	Ի	Ծ	Ր
Կ	Ղ	Մ	P	Թ	Ս	Ա	Մ	Ի	Ս	Ա	Լ	Պ	Վ
Օ	Ի	Ա	P	Յ	Ք	Թ	Թ	Ծ	Չ	Մ	Բ	P	Ա
Գ	Ռ	Ր	Դ	Ե	Կ	Տ	Ե	Մ	Բ	Ե	Ր	Թ	Ր
Ո	Վ	Տ	Ա	Է	Հ	Ո	Ւ	Ն	Ի	Ս	Կ	Ժ	Ի
Ս	Ի	Ե	Ր	Կ	Ո	Ւ	Շ	Ա	Բ	Թ	Ի	Յ	Օ
Տ	A	Ջ	Օ	Տ	Ի	Օ	Ր	Ա	Ց	Ո	Ւ	Յ	Ց
Ո	Ս	Ե	Պ	Տ	Ե	Մ	Բ	Ե	Ր	P	Ծ	Գ	P
Ս	Ե	Ր	Ե	Ք	Շ	Ա	Բ	Թ	Ի	E	Բ	Թ	K

ՕԳՈՍՏՈՍ
ՏԱՐԻ
ԱՊՐԻԼ
ՕՐԱՑՈՒՅՑ
ԴԵԿՏԵՄԲԵՐ
ԿԻՐԱԿԻ
ՓԵՏՐՎԱՐ
ՀՈՒՆՎԱՐ
ՀՈՒՆԻՍ
ՀՈՒԼԻՍ
ԵՐԿՈՒՇԱԲԹԻ
ԵՐԵՔՇԱԲԹԻ
ՄԱՐՏ
ՉՈՐԵՔՇԱԲԹԻ
ԱՄԻՍ
ՆՈՅԵՄԲԵՐ
ՀՈԿՏԵՄԲԵՐ
ՇԱԲԱԹ
ՍԵՊՏԵՄԲԵՐ
ՈՒՐԲԱԹ

23 - Casa

Ա	Վ	Տ	Ո	Տ	Ն	Ա	Կ	Չ	Բ	E	Խ	Ո	Ձ
Ց	Ա	Ն	Կ	Ա	Պ	Ա	Տ	Ի	Ս	H	Ո	Ր	Ե
Ա	Ռ	Ա	Ս	Տ	Ա	Ղ	Ջ	Ֆ	Ն	Ք	Հ	Ց	Ռ
Ա	Հ	Տ	Ց	Ճ	Տ	Ո	Ս	Ե	Ն	Յ	Ա	Կ	Ն
Յ	Ա	Ա	Ճ	Պ	Ա	Տ	Ո	Ւ	Հ	Ա	Ն	Վ	Ա
Գ	Յ	Ն	Ձ	Ք	Գ	Ա	Փ	Բ	O	Ժ	Ո	Հ	Ր
Ի	Ե	Ի	Ց	Ս	Ա	Ց	Բ	Ո	Ճ	Ո	Ց	Յ	Կ
Ժ	L	Ք	Ն	Ր	P	Ն	Ա	Ւ	Ֆ	Բ	Ձ	Ֆ	Գ
Պ	Ի	Գ	Ց	Հ	Ա	Ր	Կ	Խ	Ն	Ծ	Ղ	Ռ	Գ
Ա	Մ	Դ	Ո	Ւ	Ռ	Ծ	Ղ	Ա	Ա	L	H	Չ	Ղ
H	Ժ	Փ	Ւ	Ր	Ֆ	Ո	Ժ	Ր	Ե	Վ	Ա	Բ	Գ
Ռ	Ս	Դ	Ղ	Ռ	Գ	Ր	A	Ի	Ջ	Ճ	Ե	Մ	Բ
Ն	Կ	L	Ջ	Գ	Ր	Ա	Դ	Ա	Ր	Ա	Ն	L	Պ
Ֆ	Ք	Չ	Ւ	Է	Հ	Կ	Ն	Ի	Ե	K	Յ	Մ	Պ

ՁԵՌՆԱՐԿ
ԳՐԱԴԱՐԱՆ
ՍԵՆՅԱԿ
ԲՈՒԽԱՐԻ
ԽՈՀԱՆՈՑ
ՑՆՑՈՒՂ
ՊԱՏՈՒՀԱՆ
ԱՎՏՈՏՆԱԿ
ԱՅԳԻ
ԼԱՄՊ
ՊԱՏ
ՀԱՐԿ
ԴՈՒՌ
ՑԱՆԿԱՊԱՏԻ
ԾՈՐԱԿ
ՑԱԽԱՎԵԼ
ԱՌԱՍՏԱՂ
ՀԱՅԵԼԻ
ԳՈՐԳ
ՏԱՆԻՔ

24 - Ristorante #1

Ձ	Ւ	Ձ	Հ	Ա	Վ	Վ	Վ	Շ	Խ	Խ	Ս	Ա	Մ
Ղ	Ի	Տ	Ա	Փ	Ս	Ե	Ւ	Ծ	Յ	Ո	Ն	Ն	Ա
Ր	Վ	Ց	Ց	Վ	Ջ	Ո	Հ	K	Ֆ	Հ	Ո	Ձ	Տ
Վ	Ե	Ր	Ա	Պ	Ա	Հ	Ո	Ւ	Մ	Ա	Ւ	Ե	Ո
Գ	Ց	Ս	Ա	L	Ե	Ր	Գ	Ի	Ա	Ն	Ն	Ռ	Ւ
Վ	Ո	Ո	Ո	Ւ	Տ	Ե	L	A	Մ	Ո	Դ	Ո	Ց
Է	Զ	Ւ	Գ	Ո	Յ	Մ	Մ	Ֆ	Կ	Ց	Բ	Ց	Ո
Ձ	H	Ր	Ն	Ն	Ւ	Ի	Մ	Չ	Բ	Ծ	A	Ի	Ղ
Ի	Մ	Ճ	Ս	Դ	Ե	Ս	Ե	Ր	Տ	Ռ	Ո	Կ	Ո
Դ	Ա	Ն	Ա	Կ	Շ	Ղ	Ն	Հ	Ս	Ն	Ո	Ւ	Ւ
H	Խ	Վ	Փ	Պ	Վ	Ռ	Յ	Պ	Յ	Ի	P	Խ	Հ
Ց	Խ	Ե	Ւ	Հ	Ս	Ֆ	Ո	Ւ	Ե	Ր	Չ	Ժ	Ի
Բ	Ր	Ը	Ո	Պ	Ջ	Դ	Ւ	A	Ք	Է	Ծ	Ֆ	Ո
Փ	Վ	Յ	Շ	Ռ	Տ	Ի	H	Փ	Ք	K	L	Ն	Ե

ԱԼԵՐԳԻԱ
ՍՈՒՐՃ
ՄԱՏՈՒՑՈՂՈՒՀԻ
ՄԻՍ
ՍՆՈՒՆԴ
ԳՈՒՆԴ
ԴԱՆԱԿ
ԽՈՀԱՆՈՑ
ԴԵՍԵՐՏ
ՈՒՏԵԼ
ՄԵՆՅՈՒ
ՀԱՑ
ԱՓՍԵ
ԿՃՈՒ
ՀԱՎ
ՎԵՐԱՊԱՀՈՒՄ
ՍՈՈՒՍ
ԱՆՁԵՌՈՑԻԿ

25 - Fantascienza

Օ	Ր	Ա	Ք	Լ	Ի	Ծ	Ծ	Կ	E	Ծ	Օ	Ե	Պ
Ղ	Ձ	Ռ	Խ	Մ	Ր	Ժ	Ն	Ր	Է	Ա	Կ	Ր	Ա
Ռ	Օ	Պ	Ո	Չ	Ց	Է	Ո	Ա	Մ	Յ	Ռ	Ե	Տ
Ո	Օ	Ց	Ր	Ֆ	Ճ	Ե	Վ	Կ	Ո	Ր	Ո	Ւ	Ր
Տ	Ֆ	Վ	Հ	Ւ	Ջ	Ռ	Ն	Մ	Լ	Ա	Բ	Ա	Ա
Ե	Ա	Շ	Ր	Մ	Ն	Շ	A	Ա	Ո	Հ	Ո	Կ	Ն
Խ	Ն	Պ	Դ	H	Մ	Ռ	Մ	Ջ	Ր	Ե	Տ	Ա	Ք
Ն	Տ	Գ	Ա	Լ	Ա	Ք	Ս	Ի	Ա	Ղ	Ն	Յ	Ա
Ո	Ա	Թ	Վ	Յ	Պ	Ն	Հ	Գ	Կ	Ծ	Ե	Ա	Շ
Լ	Ս	A	Ո	Խ	Թ	Շ	Ե	Ն	Ր	E	Ր	Կ	Խ
Ո	Տ	P	Ր	Կ	Փ	Յ	K	Ն	Ձ	Ք	Ի	Ա	Ա
Գ	Ի	Ձ	Դ	Ի	Ս	Տ	Ո	Պ	Ի	Ա	Ե	Ն	Ր
Ի	Կ	Ռ	Դ	Ն	Տ	Բ	Գ	Ւ	Ջ	Չ	Ժ	Ր	Հ
Ա	Ք	Ա	Տ	Ո	Մ	Ա	Յ	Ի	Ն	Ր	Է	K	Ն

ԱՏՈՄԱՅԻՆ
ԿԻՆՈ
ԴԻՍՏՈՊԻԱ
ՊԱՅԹՅՈՒՆ
ԾԱՅՐԱՀԵՂ
ՖԱՆՏԱՍՏԻԿ
ԿՐԱԿ
ԳԱԼԱՔՍԻԱ
ՊԱՏՐԱՆՔ
ԵՐԵՒԱԿԱՅԱԿԱՆ
ԳՐՔԵՐ
ԽՈՐՀՐԴԱՎՈՐ
ԱՇԽԱՐՀ
ՕՐԱՔԼԻ
ՄՈԼՈՐԱԿ
ՌՈԲՈՏՆԵՐ
ՍՑԵՆԱՐ
ՏԵԽՆՈԼՈԳԻԱ

26 - Città

Ռ	Պ	Թ	E	P	Շ	Ղ	Գ	Օ	Ց	Հ	A	Ը	Ա
Դ	Ե	Ղ	Ա	Տ	Ո	Ւ	Ն	Դ	Ւ	Գ	Դ	E	Ձ
Մ	Թ	Ս	Գ	Ո	Ւ	Յ	Ն	Ա	Դ	Ջ	Ջ	Ծ	Պ
Ա	Դ	Ա	Տ	Մ	Կ	Մ	Բ	Ն	Խ	Շ	Ժ	Ռ	Ա
Ր	Ե	Պ	Տ	Ո	Ա	Չ	Ա	Ա	Հ	Ա	Ց	Ի	Տ
Զ	Կ	Չ	Ր	Ր	Ր	Դ	Ն	Վ	Կ	Ա	P	Թ	Կ
Ա	Շ	Ր	Գ	Ո	Ո	Ա	Կ	Ա	L	Ձ	Կ	Ա	Ե
Դ	Չ	Ի	Ծ	Ա	Ց	Ն	Ն	Կ	Ի	Ն	Ո	Ն	Ր
Ա	Թ	Վ	Հ	Յ	Ո	Ւ	Ր	Ա	Ն	Ո	Ց	Գ	Ա
Շ	Ը	Բ	Ց	H	Ձ	Վ	Ե	Յ	Ի	Է	P	Ա	Ս
Տ	Խ	Ա	Ն	Ո	Ւ	Թ	Ւ	Ա	Կ	Դ	Ւ	Ր	Ր
Գ	Ր	Ա	Դ	Ա	Ր	Ա	Ն	Ն	Ա	Ռ	Զ	Ա	Ա
Ս	Ո	Ւ	Պ	Ե	Ր	Մ	Ա	Ր	Կ	Ե	Տ	Ն	Հ
Գ	Ր	Ա	Խ	Ա	Ն	Ո	Ւ	Թ	Ե	Ջ	Փ	Ր	Ր

ՕԴԱՆԱՎԱԿԱՅԱՆ
ԲԱՆԿ
ԳՐԱԴԱՐԱՆ
ԿԻՆՈ
ԿԼԻՆԻԿԱ
ԴԵՂԱՏՈՒՆ
ԳՈՒՅՆ
ՊԱՏԿԵՐԱՍՐԱՀ
ՀՅՈՒՐԱՆՈՑ
ԳՐԱԽԱՆՈՒԹ
ՇՈՒԿԱ
ԹԱՆԳԱՐԱՆ
ԽԱՆՈՒԹ
ՀԱՑԻ
ՌԵՍՏՈՐԱՆ
ԴՊՐՈՑ
ՄԱՐԶԱԴԱՇՏ
ՍՈՒՊԵՐՄԱՐԿԵՏ
ԹԱՏՐՈՆ

27 - Virtù #1

Լ	Ճ	Չ	Զ	Վ	Ա	Ր	Ճ	Ա	Լ	Ի	Լ	Հ	Հ
Ա	Օ	Գ	Տ	Ա	Կ	Ա	Ր	Ռ	Ռ	Ո	Ֆ	Ա	Ե
Վ	Հ	Խ	Է	Ճ	Տ	Դ	Յ	Ա	Ղ	Խ	K	Մ	Տ
Ի	Մ	Ա	Ս	Տ	Ո	Ւ	Ն	Տ	Յ	Կ	P	Բ	Ա
Խ	Ռ	Ե	Օ	Ը	Չ	Հ	Բ	Ա	Ս	Խ	Յ	Ե	Ք
Հ	Ա	Մ	Ե	Ս	Տ	Մ	Խ	Ձ	Ը	Խ	Ժ	Ր	Ր
Մ	Վ	Ճ	Ռ	Ա	Կ	Ա	Ն	Ե	Ղ	Յ	Տ	Ա	Ք
K	Ա	Ն	Կ	Ա	Խ	Յ	Ժ	Ռ	Լ	Ը	Բ	Տ	Ր
Կ	Ր	Ք	Ո	Տ	Է	Ի	Ճ	Ն	Շ	Ա	Օ	Ա	Ա
Գ	Ղ	Խ	Ո	Օ	Ե	Չ	Ֆ	Ծ	H	P	Ց	Ր	Ս
Ձ	Պ	Հ	Ո	Ւ	Ս	Ա	Լ	Ի	Ց	Խ	Ֆ	Ի	Ե
Ո	Ւ	Հ	Գ	Ո	Ր	Ծ	Ն	Ա	Կ	Ա	Ն	Հ	Ր
Ա	Ր	Դ	Յ	Ո	Ւ	Ն	Ա	Վ	Ե	Տ	Փ	Կ	Վ
Գ	Ե	Ղ	Ա	Ր	Վ	Ե	Ս	Տ	Ա	Կ	Ա	Ն	Ն

ՀՄԱՅԻՉ
ՀՈՒՍԱԼԻ
ԿՐՔՈՏ
ԳԵՂԱՐՎԵՍՏԱԿԱՆ
ԼԱՎ
ՀԵՏԱՔՐՔՐԱՍԵՐ
ՎՃՌԱԿԱՆ
ԶՎԱՐՃԱԼԻ
ԱՐԴՅՈՒՆԱՎԵՏ

ԱՌԱՏԱՁԵՌՆ
ԱՆԿԱԽ
ԽԵԼԱՑԻ
ՀԱՄԵՍՏ
ՀԱՄԲԵՐԱՏԱՐ
ԳՈՐԾՆԱԿԱՆ
ՄԱՔՈՒՐ
ԻՄԱՍՏՈՒՆ
ՕԳՏԱԿԱՐ

28 - Compleanno

Ե	Թ	Ջ	E	Բ	Ն	Հ	H	Ժ	Հ	Օ	Ց	Խ	Ռ
Օ	Ր	Ղ	H	Կ	Տ	Ա	Ր	Ի	Ա	Մ	Ղ	Դ	E
Ր	Գ	Ի	Ճ	Ց	Ո	Տ	Ո	Ն	Ե	Մ	Ր	Ս	Ս
Ա	Ֆ	Մ	Տ	Ւ	Ր	Ո	Դ	Վ	Ր	Ե	Ա	E	Վ
Ց	Ե	Ա	Ը	Ա	Թ	Ւ	Տ	Դ	Ջ	Ծ	Ջ	Ն	A
Ո	Ր	Ս	Ն	K	Ս	Կ	Ը	Շ	Ա	Ժ	Ծ	Վ	Ց
Ւ	Գ	Տ	Կ	Չ	Ձ	Ա	A	Ա	Ն	Ֆ	Ա	Ե	Ը
Յ	Ս	Ո	Ե	L	Ւ	Մ	Ր	L	Ի	Ք	Ֆ	Ր	Փ
Ց	Ո	Ւ	Ր	Ա	Խ	Գ	Ո	Դ	Կ	Ն	Ջ	Ն	Ծ
Չ	Վ	Թ	Ն	H	Ո	Հ	Ծ	Մ	Օ	Ս	Ր	Ե	Ո
Ո	Ո	Յ	Ե	Ս	Է	Վ	Ֆ	A	Ե	Օ	Պ	Ձ	Չ
Ժ	Ր	Ո	Ր	Ք	Հ	Ր	Ա	Վ	Ե	Ր	Ն	Ե	Ր
Թ	Ե	Ւ	Ք	Ա	Ր	Տ	Ե	Ր	Յ	L	Ջ	Ռ	Հ
L	L	Ն	L	L	Ի	Ժ	Ա	Մ	Ա	Ն	Ա	Կ	Ջ

ԸՆԿԵՐՆԵՐ
ՏԱՐԻ
ՕՐԱՑՈՒՅՑ
ՄՈՄԵՐ
ԵՐԳ
ՔԱՐՏԵՐ
ՏՈՆ
ԺԱՄԱՆՑ
ԵՐՋԱՆԻԿ
ՈՒՐԱԽ
ՕՐ
ԵՐԻՏԱՍԱՐԴ
ՄԵԾ
ՀՐԱՎԵՐՆԵՐ
ՍՈՎՈՐԵԼ
ՆՎԵՐ
ԻՄԱՍՏՈՒԹՅՈՒՆ
ՀԱՏՈՒԿ
ԺԱՄԱՆԱԿ
ՏՈՐԹ

29 - Fattoria #1

Խ	Ո	Ո	Զ	Ե	Շ	Գ	Ծ	O	Հ	Ժ	Ղ	Ռ	Կ
Պ	Հ	Ժ	Է	Հ	Կ	Յ	Հ	Ջ	Ո	Ւ	Ր	H	Ե
Չ	Ա	Ա	Շ	Ա	Ֆ	Զ	Ժ	Ց	Ղ	Ց	H	Ք	Ֆ
Կ	Պ	Ր	Յ	Վ	Կ	Ց	Տ	Ք	Ա	Զ	A	Մ	Ճ
Ե	P	Ս	Ա	Չ	Ո	Ա	Թ	Վ	Տ	E	Խ	Ե	Յ
Յ	Մ	Ե	Ղ	Ր	Ի	Ն	Չ	Է	Ա	Ն	Հ	Ղ	Ա
Հ	Ր	Ր	Ց	Ք	Տ	Կ	Ֆ	Յ	Ր	Ս	Խ	Ո	Զ
Ւ	Յ	Մ	Ճ	Կ	Է	Ա	Պ	Ը	Ա	Շ	Դ	Ւ	Տ
Ծ	Ծ	Ե	L	A	Ց	Պ	Ն	Ո	Ծ	Ո	Ա	Ս	Հ
Ն	Տ	Ր	Ձ	Է	Ի	Ա	Խ	Յ	Ք	Ւ	Շ	Խ	Կ
Ճ	Բ	Ր	Ի	Ն	Ձ	Տ	Ո	H	Ո	Ն	Տ	Ե	Ո
Կ	Ա	Տ	Ո	Ւ	Ի	Ի	Յ	H	Ի	Ւ	E	Ւ	Վ
Յ	Տ	Հ	Ո	Ր	Թ	Է	Փ	Ս	Տ	K	Թ	Խ	L
Ա	Յ	Ծ	Ի	P	Ւ	Ւ	Է	Բ	Ւ	Ւ	O	E	H

ՋՈՒՐ
ՄԵՂՈՒ
ԷՇ
ԴԱՇՏ
ՇՈՒՆ
ԱՅԾԻ
ՁԻ
ՊԱՐԱՐՏԱՆՅՈՒԹ
ՀԱՅ
ԿԱՏՈՒ
ՀՈՏ
ԽՈԶ
ՄԵՂՐ
ԿՈՎ
ՀԱՎ
ՑԱՆԿԱՊԱՏԻ
ԲՐԻՆՁ
ՍԵՐՄԵՐ
ՀՈՂԱՏԱՐԱԾՔ
ՀՈՐԹ

30 - Paesaggi

Յ	Ղ	E	Բ	Մ	Կ	Թ	Լ	H	Վ	Լ	H	Ճ	Գ
Գ	Պ	Ջ	A	P	Զ	Մ	Ե	H	Ֆ	Ժ	Ռ	Ձ	Կ
Մ	Չ	Ծ	Ծ	Բ	Ո	Կ	Ռ	Ր	Հ	Պ	Տ	Ք	Գ
Գ	Ե	Յ	Զ	Ե	Ր	Զ	Ա	Տ	Ա	P	Ն	Ո	E
Կ	Ղ	Զ	Ի	Ե	A	Ճ	Ն	Ո	Հ	Կ	Հ	P	Ա
Հ	Ր	Ա	Բ	Ո	Ւ	Խ	Ա	Ւ	Լ	Ո	Ղ	Ա	Փ
Ֆ	Պ	Ս	Օ	Ք	Է	Բ	Պ	Ն	Կ	Հ	Վ	Զ	Ց
Ս	Է	Լ	Ա	Ա	Ս	Լ	Ա	Դ	Գ	Բ	Փ	Ի	Ի
Լ	Ի	Ճ	Յ	Ր	Զ	Ր	Տ	Ր	Ծ	Ո	Վ	Թ	Տ
Գ	Ե	Տ	Ս	Ա	Օ	Ի	Ճ	Ա	Հ	Ի	Ճ	K	Մ
Ք	Չ	Գ	Բ	Ն	Ե	A	Ս	Ջ	Ր	Վ	Ե	Ժ	Ա
Է	Յ	A	Ե	Ձ	Ս	Ա	Ռ	Ց	Ա	Դ	Ա	Շ	Տ
Զ	Ց	Ջ	Ր	Ա	Ժ	A	Ի	Հ	Ի	Ց	Կ	Վ	Գ
Գ	Է	Գ	Գ	Վ	Օ	Վ	Կ	Ի	Ա	Ն	Ո	Ս	Օ

ՋՐՎԵԺ
ԲԼՐԻ
ԱՆԱՊԱՏ
ԳԵՏ
ԳԵՅԶԵՐ
ՍԱՌՑԱԴԱՇՏ
ՔԱՐԱՆՁԱՎ
ԱՅՍԲԵՐԳ
ԿՂԶԻ
ԼԻՃ
ԾՈՎ
ԼԵՌ
ՕԱԶԻՍ
ՕՎԿԻԱՆՈՍ
ՃԱՀԻՃ
ԹԵՐԱԿՂԶԻ
ԼՈՂԱՓ
ՏՈՒՆԴՐԱ
ՀՈՎԻՏ
ՀՐԱԲՈՒԽ

31 - Ristorante #2

Դ	Ր	Պ	Ր	Ե	Հ	Հ	Ք	Պ	Տ	Ի	Ո	Ւ	Ա
Թ	Խ	Ք	K	Ց	P	Ա	Ա	Ղ	H	Ծ	Պ	Վ	Պ
Շ	Գ	Դ	Ա	L	Մ	Մ	Տ	Դ	Ո	Տ	Ջ	Ն	Ո
Ւ	K	O	Թ	Բ	E	Ե	Չ	Ն	Պ	Ո	Ո	Մ	Ւ
Ձ	Ո	Ւ	Ո	H	Ի	Ղ	Տ	Ր	Ա	Ձ	Ւ	Ր	Ր
Մ	Բ	Ս	Ռ	Ճ	Ա	Շ	Ց	Վ	Տ	Չ	Ր	Գ	Թ
Յ	Ա	Ս	Ա	Ռ	Ո	Ւ	Յ	Ց	Ա	H	Ո	Ե	Ձ
Ը	Յ	Տ	Բ	Գ	Շ	A	Կ	Ջ	Ռ	Ն	Ք	Ր	Դ
Ն	Ի	Ը	Ո	Ի	Ը	Խ	Հ	Ն	Ա	Դ	Ի	Ճ	P
Թ	Մ	L	K	Ւ	Ա	Ճ	Ֆ	K	Ք	Չ	Ո	Ց	Հ
Ր	Ւ	Ծ	Ց	Բ	Ց	Ղ	Թ	Բ	Ա	Ձ	Ո	Ւ	Կ
Ի	Չ	Բ	O	Ա	Ժ	Ո	Ց	Ռ	Ղ	Ժ	Ֆ	H	Հ
Ք	O	Թ	A	Ք	Ճ	Չ	Ղ	Ա	Պ	Խ	K	Ն	Ւ
Ը	Մ	Պ	Ե	L	Ի	Ք	Ճ	Թ	Ն	Տ	Յ	Ծ	E

ՋՈՒՐ
ԸՄՊԵԼԻՔ
ՄԱՏՈՒՑՈՂ
ԸՆԹՐԻՔ
ԳԴԱԼ
ՀԱՄԵՂ
ՊԱՏԱՌԱՔԱՂ
ՄՐԳԵՐ
ՍԱՌՈՒՅՑ
ԱՂՑԱՆ
ԱՊՈՒՐ
ՁՈՒԿ
ՃԱՇ
ԱՂ
ԱԹՈՌ
ՏՈՐԹ
ՁՈՒ

32 - Giardino

Լ	Դ	E	Թ	Ւ	Ե	Մ	Չ	Բ	Կ	Ճ	Ձ	Ջ	Պ
Ճ	E	K	Ո	Բ	Հ	Ո	Ղ	Ռ	Բ	Փ	Ղ	Լ	Ք
Ա	Յ	Գ	Ի	Մ	Ո	Լ	Ա	Խ	Ո	Տ	Ե	Ր	Ի
Կ	P	Ղ	Յ	Ժ	Փ	Ւ	Ֆ	Խ	Ծ	Ը	Փ	Տ	Ա
Շ	Ծ	Տ	Ե	Թ	K	Ր	Շ	P	Ո	Ա	Ո	Ր	Վ
Ց	Ա	Ն	Կ	Ա	Պ	Ա	Տ	Ի	K	Ւ	Ռ	Ա	Տ
Ր	Ղ	Ւ	E	Չ	E	Ն	Ձ	Ծ	Բ	Շ	A	Մ	Ո
Թ	Ի	Ա	Կ	Դ	Ա	P	H	Գ	Ց	A	Ի	Պ	Տ
Ձ	Կ	O	Ա	Ա	Է	Ջ	Ա	Հ	Վ	Ժ	E	Ո	Ն
P	Ջ	Ց	Ժ	Ջ	Չ	Պ	Կ	Դ	Փ	Ղ	Չ	Լ	Ա
Ժ	Ֆ	A	Տ	Գ	O	Ք	Ի	Տ	Թ	Յ	Ա	Ի	Կ
K	Տ	Ո	Ռ	Ա	Չ	Ո	K	Խ	Ո	Տ	Կ	Ն	Հ
Է	Շ	Ռ	Մ	Հ	Ժ	Փ	Ո	Ց	Խ	Ւ	Ւ	A	Չ
Ծ	Ճ	Ը	Գ	Ո	Ւ	Լ	Պ	Ա	Ն	Ե	Ր	Հ	Ե

ԾԱՌ
ԲՈՒՇ
ԽՈՏ
ՄՈԼԱԽՈՏԵՐԻ
ԾԱՂԻԿ
ԱՎՏՈՏՆԱԿ
ԱՅԳԻ
ԹԻԱԿ

ԴԱՋԳԱՀ
ՓՈՑԽ
ՑԱՆԿԱՊԱՏԻ
ԼՃԱԿ
ՀՈՂ
ԿՏՈՒՐ
ՏՐԱՄՊՈԼԻՆ
ԳՈՒԼՊԱՆԵՐ

33 - Frutta

Ս	K	Կ	Թ	Ձ	O	Ս	Ե	Խ	K	Յ	Ս	Ն	Կ
Հ	Թ	Ո	Ւ	Զ	Պ	Ա	Պ	Ա	Յ	Ա	Մ	Ե	Ի
A	Ա	Շ	Ջ	Է	Բ	Լ	Ր	Ջ	Է	Պ	Ո	Կ	Տ
Ց	H	Տ	Ղ	Ւ	Բ	Ո	Ք	Ձ	Ա	P	Ռ	Տ	Ր
O	Ո	Ա	Ա	Ծ	Ի	Ր	Ա	Ն	Զ	H	Խ	Ա	Ո
Ս	Ջ	Ն	Ֆ	Պ	Շ	Տ	Բ	Ա	Ն	Ա	Ն	Ր	Ն
Մ	Շ	Ձ	Վ	Ժ	Տ	Ւ	Ռ	Բ	Վ	Ա	Ձ	Ի	Խ
Բ	Ա	Ը	Թ	Յ	Ֆ	Ո	Ց	Ց	Ա	Վ	Ո	Ն	Բ
Ճ	Ա	Ն	Ք	Ձ	Մ	Պ	Ւ	Տ	Մ	Ո	Ր	Թ	Ղ
Ջ	Տ	Լ	Գ	A	Ղ	Ը	Վ	Ղ	Ո	Կ	P	O	E
Ր	Պ	Ց	Դ	Ո	Ը	Չ	A	P	Ր	Ա	Վ	Գ	Չ
Խ	Ա	Ղ	Ո	Ղ	Ղ	Ձ	Ռ	Մ	Ի	Դ	Ե	Ղ	Ձ
Ո	Թ	Պ	Մ	H	Խ	Կ	Ի	Վ	Ի	Ո	Կ	O	Ա
Ն	Ա	Ր	Ն	Ջ	Ա	Գ	Ո	Ւ	Յ	Ն	Ֆ	Խ	Պ

ԾԻՐԱՆ
ՆԱՐՆՋԱԳՈՒՅՆ
ԱՎՈԿԱԴՈ
ՀԱՏԱՊՏՈՒՂ
ԲԱՆԱՆ
ԲԱԼ
ԹՈՒԶ
ԿԻՎԻ
ԱԶՆՎԱՄՈՐԻ
ԿԻՏՐՈՆ
ՄԱՆԳՈ
ԽՆՁՈՐ
ՍԵԽ
ՆԵԿՏԱՐԻՆ
ՊԱՊԱՅԱ
ՏԱՆՁ
ԴԵՂՁ
ՍԱԼՈՐ
ԽԱՂՈՂ

34 - Fattoria #2

Փ	Դ	Է	Ո	Օ	Ե	Բ	Ք	Կ	Մ	Ո	Ի	Ս	Հ
Գ	Ե	Կ	Չ	Գ	Գ	Ա	Մ	Ե	Ր	Ռ	Ը	Խ	Ո
Ա	Թ	Թ	Խ	Ն	Ի	Դ	Ա	Ն	Գ	Ո	Ջ	Շ	Վ
Ռ	Մ	Մ	Ա	Ո	Պ	Փ	Ր	Դ	Ե	Գ	Ա	Ր	Ի
Ծ	Զ	Պ	Ր	Կ	Տ	E	Գ	Ա	Ր	Ո	Բ	H	Վ
Ա	Լ	Տ	Ի	Լ	Ա	Մ	Ա	Ն	Ս	Ւ	Ո	H	Ն
Ս	Է	Ծ	Շ	Ք	Ց	Ո	Գ	Ի	Ֆ	Մ	Ւ	Դ	Ջ
Ց	Ն	K	Վ	H	Ո	P	Ե	Ն	Ե	Ե	Ս	Ց	Վ
Ո	Տ	Ո	Ն	Ս	Ր	Յ	Տ	Ե	Ր	Գ	Ա	Տ	Ց
Ր	Ռ	Տ	Ւ	Լ	Ե	Ր	Ի	Ր	Մ	Կ	Կ	Չ	Ժ
Ե	Ք	Ւ	A	Ն	Ն	Ո	Ն	K	Ե	Ր	Ա	Տ	Ռ
Ն	Ծ	K	Ւ	Ա	Դ	Ֆ	Դ	Ե	Ր	Չ	Ն	Թ	Ե
Տ	Ր	Ա	Կ	Տ	Ո	Ր	Ժ	Կ	Մ	Բ	Ժ	Տ	Գ
Ե	Հ	Լ	Պ	Տ	Ղ	Ա	Տ	Ո	Ւ	Ա	Յ	Գ	Ի

ԳԱՌ
ՖԵՐՄԵՐ
ՓԵԹԱԿ
ԲԱԴ
ԿԵՆԴԱՆԻՆԵՐ
ՍՆՈՒՆԴ
ԳԱՄ
ՄՐԳԵՐ
ՊՏՂԱՏՈՒ ԱՅԳԻ
ՑՈՐԵՆ
ՈՌՈԳՈՒՄ
ԼԱՄԱ
ԿԱԹ
ԵԳԻՊՏԱՑՈՐԵՆ
ԳԱՐԻ
ՀՈՎԻՎ
ՈՉԽԱՐ
ՄԱՐԳԱԳԵՏԻՆ
ՏՐԱԿՏՈՐ
ԲՈՒՍԱԿԱՆ

35 - Dinosauri

Ը	Ց	Ծ	K	Կ	Զ	Մ	Դ	Օ	Չ	H	K	Թ	Ե
A	K	Ճ	Ր	Է	Ռ	Լ	Պ	Մ	Ա	Մ	Ո	Ն	Տ
Լ	Ր	Է	Գ	Ծ	Վ	Ս	Ո	Ն	Փ	Մ	Փ	Օ	Թ
Ճ	Խ	Բ	Դ	Տ	Հ	Ո	Չ	Ի	Թ	Ե	Ւ	Ե	Ր
Ա	Ֆ	Ձ	K	Շ	P	Ղ	Լ	Վ	Կ	Ծ	Վ	Ղ	Ա
Կ	Դ	Օ	Ց	Ո	Յ	Ո	Ֆ	Ո	Ծ	H	Փ	Վ	Ն
Ե	Ր	Կ	Ի	Ր	Չ	Ւ	Ծ	Ր	Ւ	Է	Ը	Տ	Հ
Դ	Ա	Ո	Ն	Յ	Ժ	Ն	Փ	Ե	Ս	Ց	Գ	Ե	Ե
Հ	Ս	Կ	Ա	Յ	Ա	Կ	Ա	Ն	Ղ	Ժ	Ի	Ս	Տ
Ա	Ր	Ա	Տ	Ա	Վ	Ո	Ր	H	Յ	Ե	Շ	Ա	Ա
Հ	Ե	Ր	Բ	Ի	Վ	Ո	Ր	Ֆ	Ժ	Ձ	Ա	Կ	Ց
Ձ	Վ	Վ	Լ	Խ	Պ	Շ	Յ	Զ	P	K	Տ	Ն	Ո
Ո	Ս	Ձ	Ռ	Ե	Ձ	Ն	H	Ա	Մ	Գ	Ի	Ե	Ւ
Ր	A	Ե	Ծ	Ց	Պ	Յ	Հ	Ժ	Ւ	Գ	Չ	Ր	Մ

ԹԵՒԵՐ
ՊՈՉ
ՀՍԿԱՅԱԿԱՆ
ՀԵՐԲԻՎՈՐ
ԷՎՈԼՈՒՑԻԱ
ՄԵԾ
ՄԱՄՈՆՏ
ՕՄՆԻՎՈՐԵ
ՀԶՈՐ
ԳԻՇԱՏԻՉ
ՍՈՂՈՒՆ
ԱՆՀԵՏԱՑՈՒՄ
ՏԵՍԱԿՆԵՐ
ՉԱՓ
ԵՐԿԻՐ
ԱՐԱՏԱՎՈՐ

36 - Verdure

Մ	Կ	Է	Ս	Ո	Խ	Շ	Ս	Պ	Ա	Ն	Ա	Խ	Ն
Ռ	Ա	Ղ	Ց	Ա	Ն	Ա	Մ	Փ	Ա	Մ	Ւ	Ա	Ե
Յ	Ր	Ղ	Ը	P	Թ	Ղ	Բ	Ո	Ղ	Կ	Ռ	A	Խ
Մ	Տ	Ժ	Ա	Դ	Ց	Գ	Ո	Ս	Խ	Տ	Ո	Ր	Ո
Զ	Ո	Զ	Ժ	Դ	Ձ	Ա	Ւ	Ն	K	Դ	Ռ	H	Ւ
Պ	Ֆ	Ը	Ւ	Ո	Ա	Մ	Կ	Բ	Մ	Մ	Ա	Ջ	Ր
Ի	Ի	Գ	A	Ւ	Դ	Ն	Ը	Ռ	Թ	Տ	Ց	Խ	H
Ս	Լ	Ց	Ա	Մ	Վ	Ը	Ո	Ւ	3	Բ	Խ	Թ	Շ
Լ	Ի	Խ	Ո	Զ	Ծ	P	K	Ս	Ն	Թ	Վ	K	Ա
Ո	Դ	Ս	Ւ	Վ	Ա	Ր	Ո	Ւ	Ն	Գ	Բ	3	Լ
Լ	Ք	P	Ե	A	Բ	Ր	Ո	Կ	Կ	Ո	Լ	Ի	Ո
Ի	Դ	Տ	Շ	Ռ	Ս	Ո	Ւ	Ն	Կ	Ե	Ր	Դ	Տ
Կ	Ո	Ճ	Ա	Պ	Ղ	Պ	Ե	Ղ	Պ	Ջ	Ք	H	K
Ձ	Տ	Ի	Ա	Ր	Տ	Ի	Ճ	Ո	Ւ	Կ	Մ	Տ	3

ՍԽՏՈՐ
ԲՐՈԿԿՈԼԻ
ԱՐՏԻՃՈՒԿ
ԳԱԶԱՐ
ՎԱՐՈՒՆԳ
ՍՈԽ
ՍՈՒՆԿ
ԱՂՑԱՆ
ՍՄԲՈՒԿ
ԿԱՐՏՈՖԻԼ
ՍԻՍԵՌ
ԼՈԼԻԿ
ՄԱՂԱԴԱՆՈՍ
ՇԱՂԳԱՄ
ԲՈՂԿ
ՇԱԼՈՏ
ՆԵԽՈՒՐ
ՍՊԱՆԱԽ
ԿՈՃԱՊՂՊԵՂ
ԴԴՈՒՄ

37 - Scuola #2

Գ	Պ	Ն	Ո	Մ	Ա	Վ	Տ	Ո	Բ	Ո	Ւ	Ս	Ը
Ր	Ա	Դ	Ւ	Կ	Ա	Ջ	Ձ	Խ	Ղ	H	Ե	P	Ն
Ա	Յ	Ե	Ս	Ր	H	Թ	K	Օ	Ո	Չ	Լ	Ճ	Թ
Դ	Ո	Շ	Ո	Ա	Ն	Ո	Ե	Ը	Ա	Բ	Կ	Շ	Ե
Ա	Ւ	Թ	Ւ	Տ	Շ	Ւ	Ր	Մ	Խ	Ա	Ղ	Ե	Ր
Ր	Ս	Փ	Ց	Ժ	Գ	Ղ	Յ	Ա	Ա	H	K	Բ	Ց
Ա	Ա	Է	Ի	Օ	Ն	Թ	Ե	Ծ	Ռ	Տ	Ս	Ք	Ո
Ն	Կ	Ո	Չ	Բ	Ա	Ռ	Ա	Ր	Ա	Ն	Ի	Ձ	Ւ
Օ	Ր	Ա	Ց	Ո	Ւ	Յ	Ց	Կ	Ո	Շ	Ի	Կ	Մ
Ա	Կ	Ա	Դ	Ե	Մ	Ի	Ա	Կ	Ա	Ն	Ե	Պ	Ա
Վ	Ի	Կ	Տ	Ո	Ր	Ի	Ն	Ա	Ն	Ե	Ր	Հ	Տ
Հ	Ա	Մ	Ա	Կ	Ա	Ր	Գ	Ի	Չ	Կ	Ք	Դ	Ի
Գ	Ր	Ք	Ե	Ր	Լ	Ք	Թ	Խ	Ձ	Վ	Լ	Դ	Տ
Գ	Ի	Տ	Ո	Ւ	Թ	Յ	Ո	Ւ	Ն	Շ	Պ	Ծ	Ի

ԱԿԱԴԵՄԻԱԿԱՆ
ԱՎՏՈԲՈՒՍ
ԳՐԱԴԱՐԱՆ
ՕՐԱՑՈՒՅՑ
ԹՈՒՂԹ
ՀԱՄԱԿԱՐԳԻՉ
ԲԱՌԱՐԱՆ
ՄԿՐԱՏ
ԽԱՂԵՐ
ՈՒՍՈՒՑԻՉ
ԸՆԹԵՐՑՈՒՄ
ԳՐՔԵՐ
ՄԱԹԵՄԱՏԻԿԱ
ՄԱՏԻՏ
ՎԻԿՏՈՐԻՆԱՆԵՐ
ԿՈՇԻԿ
ԳԻՏՈՒԹՅՈՒՆ
ՊԱՅՈՒՍԱԿ

38 - Barbecue

Ծ	Շ	Ջ	Ք	Ս	Ո	Վ	Դ	Ի	Ա	Յ	Ս	Ժ	Շ
Ֆ	Ճ	Տ	Մ	Ն	Ծ	Ո	Ձ	Ք	Է	Ն	Հ	Ե	Ձ
P	Խ	Պ	Ս	Ո	Ո	Ւ	Ս	Դ	Ի	Տ	Ք	Ե	Ռ
Պ	Ա	Ց	Ձ	Ւ	H	Հ	Վ	Ձ	A	P	Շ	Ս	Մ
Ա	Ղ	Դ	Ռ	Ն	Չ	Բ	Օ	Օ	Լ	Մ	Ջ	Ք	Յ
Ղ	Ե	Պ	K	Դ	Հ	Ֆ	Ը	Ն	Թ	Ր	Ի	Ք	Ծ
Ց	Ր	Մ	Ե	Ց	Ը	Հ	Ա	Վ	Ն	Գ	Ր	Ի	Լ
Ա	Է	K	Է	Ղ	Ն	Ֆ	Ր	Ց	Լ	Ե	Ր	Ե	Ձ
Ն	P	Ջ	Դ	Լ	Տ	Ա	Ք	Ա	Ճ	Ր	Բ	Լ	Ֆ
Ն	Ր	Դ	Ֆ	Ս	Ա	Ս	Ո	Խ	Վ	Ա	Մ	Ա	Ռ
Ե	Ջ	Ֆ	Խ	Փ	Ն	Փ	Ղ	Ղ	Ջ	Ե	Շ	Ւ	Ա
Ր	Վ	Լ	Ո	Լ	Ի	Կ	P	Է	Ջ	Յ	Ր	Հ	Ճ
Դ	K	Թ	Ը	Ը	Ք	Դ	Ա	Ն	Ա	Կ	Ն	Ե	Ր
Ե	Ր	Ա	Ժ	Շ	Տ	Ո	Ւ	Թ	Յ	Ո	Ւ	Ն	Ս

ՏԱՔ
ԸՆԹՐԻՔ
ՍՆՈՒՆԴ
ՍՈԽ
ԴԱՆԱԿՆԵՐ
ԱՄԱՌ
ՍՈՎ
ԸՆՏԱՆԻՔ
ՄՐԳԵՐ
ԽԱՂԵՐ
ԳՐԻԼ
ԱՂՑԱՆՆԵՐ
ՀՐԱՎԵՐ
ԵՐԱԺՇՏՈՒԹՅՈՒՆ
ՊՂՊԵՂ
ՀԱՎ
ԼՈԼԻԿ
ՃԱՇ
ԱՂ
ՍՈՈՒՍ

39 - Riempire

Գ	Ւ	Ա	Զ	Ա	Մ	Բ	Յ	Ո	Ւ	Ղ	Ձ	Յ	Ջ
Ք	Զ	Ծ	Ր	Ա	Ր	Ը	Շ	Ի	Շ	Ք	Վ	Խ	Ո
Ս	Օ	Ր	Դ	Կ	Տ	Ղ	Բ	Պ	Օ	Ց	Վ	Ք	Գ
Վ	Ճ	Ր	Ո	Թ	Ղ	Թ	Ա	Պ	Ա	Ն	Ա	Կ	Ր
Լ	Ա	Ո	Ւ	Ց	Ծ	Ծ	Օ	Պ	Ը	Ր	Փ	Ա	Պ
Մ	Մ	Յ	Յ	Ւ	Պ	Շ	H	Թ	P	Ի	Փ	Ե	Ա
Խ	Պ	Ը	Լ	Ղ	Ծ	Ա	Ղ	Կ	Ա	Մ	Ա	Ն	Ն
Է	Ր	Բ	Կ	Ձ	Ջ	Ք	Յ	Կ	Խ	Ս	Թ	Զ	Յ
Խ	Ո	Ղ	Ո	Վ	Ա	Կ	Ր	Ո	K	Թ	Ե	Ֆ	Դ
Ց	Ւ	Տ	Ա	Կ	Ա	Ռ	Ա	Զ	Ւ	Տ	Թ	Թ	Թ
Ս	Կ	Ո	Ւ	Տ	Ե	Ղ	Լ	Ա	Տ	Ս	Պ	Խ	Ց
Ռ	A	Խ	Է	Լ	Ր	Վ	Ս	Է	Ս	Ճ	Ա	Փ	Է
Ս	Օ	Դ	E	Ր	Ʒ	Է	Ձ	Տ	Ց	H	Ֆ	Կ	Ւ
Ի	Ճ	Ե	Ծ	Ո	Ʒ	Ե	Ճ	Է	Ձ	Կ	Պ	Ը	Ժ

ՏԱԿԱՌ
ՊԱՅՈՒՍԱԿ
ՇԻՇ
ԾՐԱՐ
ԹՂԹԱՊԱՆԱԿ
ԳԶՐՈՑ
ԶԱՄԲՅՈՒՂ
ՓԱԹԵԹ
ԱՐԿՂ
ԴՈՒՅԼ
ԳՐՊԱՆ
ԽՈՂՈՎԱԿ
ՃԱՄՊՐՈՒԿ
ԾԱՂԿԱՄԱՆ
ՍԿՈՒՏԵՂ

40 - Insetti

Ժ	Վ	Բ	Ո	Ւ	Լ	Թ	Ր	Թ	Ո	Ւ	Ր	H	Ն
Օ	Լ	Ց	Ի	Դ	A	Բ	Ց	Ե	P	Գ	Ք	Ց	Վ
Դ	Խ	Ւ	P	Կ	Ք	Չ	Ո	Ւ	Տ	Ի	Ճ	Ե	Խ
Յ	Ֆ	Ը	Թ	Ի	Թ	Ե	Ր	Օ	Տ	Ն	Ց	Ց	Ճ
Բ	Ճ	Մ	Ժ	Ե	Ղ	Չ	Մ	Ա	Ն	Տ	Ի	Ս	Լ
Օ	Տ	Ե	Ր	Մ	Ի	Տ	Ո	Ա	Ր	Ֆ	Կ	P	Ս
Ձ	Կ	Ղ	Լ	Ձ	K	Ե	Ր	Ծ	Ռ	A	Ա	Պ	Դ
Բ	Ֆ	Ո	Ճ	Ե	Յ	Ք	Ե	K	Օ	Օ	Դ	Պ	Թ
Է	Զ	Ւ	Պ	Տ	Դ	Ո	Խ	Ի	Ռ	Վ	Ա	Ա	P
Ա	Ր	Չ	Ո	Տ	Ն	Ի	Ւ	Ձ	Չ	Ը	Չ	Ծ	Մ
Ց	Ս	Ղ	Ւ	Տ	Լ	Խ	Բ	Ն	Ձ	Ծ	Վ	Ֆ	Տ
P	Ձ	Է	Ռ	Ռ	Տ	Ո	Վ	Ո	E	Դ	Ր	Ծ	Ո
Բ	Յ	Օ	Ց	Մ	Մ	Է	Ւ	Յ	Ւ	Ր	Ժ	Լ	Թ
Ճ	Ի	Ճ	Ո	Ւ	Ր	Բ	Ս	Վ	Ճ	Գ	Շ	Զ	Լ

ՏԼ
ՄԵՂՈՒ
ՄՈՐԵԽ
ՑԻԿԱԴԱ
ԼԵԴԻԲՈՒԳ
ԲԶԵԶ
ՑԵՑ
ԹԻԹԵՐ
ՄՐՋՅՈՒՆ
ԹՐԹՈՒՐ
ՃՊՈՒՌ
ՄԱՆՏԻՍ
ԲՈՒԼ
ՈՒՏԻՃ
ՏԵՐՄԻՏ
ՃԻՃՈՒ
ՄԺԵՂ

41 - Erboristeria

Ա	Վ	Ղ	P	Մ	Ռ	Դ	Մ	Ժ	Ղ	Կ	Ք	Օ	Բ
Ն	Ս	Ծ	Ւ	Ա	Շ	Ե	Զ	Մ	Ր	Ա	Ո	Ր	Ա
Ա	Ա	Խ	Թ	Ր	A	A	Հ	Յ	Ժ	Ն	Ր	Ե	Ղ
Ն	Մ	Փ	Տ	Ջ	P	Է	Ը	Ա	Ա	Ա	Ա	Գ	Ա
Ո	Ի	Ա	Վ	Ո	Ւ	Ր	Ց	Ր	Ն	Չ	Կ	Ա	Դ
Ւ	Թ	Ր	Լ	Ր	Ր	Խ	Ը	Ց	Ծ	Ֆ	Կ	Ն	Ր
Խ	A	Ղ	Ը	Ա	Ռ	Ո	Զ	Մ	Ա	Ր	Ի	Ո	Ի
Ծ	Ռ	K	Ս	Մ	Ա	Ղ	Ա	Դ	Ա	Ն	Ո	Ս	Չ
Ա	Ն	Ո	Ւ	Շ	Ա	Բ	Ո	Ւ	Յ	Ր	Տ	Գ	Զ
Ղ	Յ	Խ	Ո	Հ	Ա	Ր	Ա	Ր	Ա	Կ	Ա	Ն	Ա
Ի	Ւ	Գ	Թ	Ա	Ր	Գ	Ո	Ւ	Ն	Հ	Պ	Վ	Ֆ
Կ	Մ	Ժ	Ի	Ն	Ա	Ր	Դ	Ո	Ս	E	Վ	Է	Ր
Գ	Ո	Ր	Ծ	Ա	Ր	Ա	Ն	Շ	Ի	Զ	Ղ	P	Ա
Ֆ	Հ	Ո	Է	Պ	Ւ	Չ	Չ	Դ	Ց	Դ	Է	Շ	Ն

ՍԽՏՈՐ
ԱՆՈՒՇԱԲՈՒՅՐ
ՌԵՀԱՆ
ԽՈՀԱՐԱՐԱԿԱՆ
ԹԱՐԳՈՒՆ
ՍԱՄԻԹ
ԾԱՂԻԿ
ԱՅԳԻ
ԲԱՂԱԴՐԻՉ
ՆԱՐԴՈՍ
ՄԱՐՋՈՐԱՄ
ԱՆԱՆՈՒԽ
ՕՐԵԳԱՆՈ
ԳՈՐԾԱՐԱՆ
ՄԱՂԱԴԱՆՈՍ
ՈՐԱԿ
ՌՈԶՄԱՐԻ
ՈՒՐՑ
ԿԱՆԱՉ
ԶԱՖՐԱՆ

42 - Danza

Օ	Զ	Տ	Զ	Շ	Ա	Ր	Ժ	Ո	Ւ	Մ	Ձ	Գ	Շ
Ց	Գ	Ն	Մ	Շ	Ա	Կ	Ո	Ւ	Թ	Ա	Յ	Ի	Ն
Դ	Ա	Ս	Ա	Կ	Ա	Ն	Մ	Ր	Մ	Ա	Դ	Մ	Ի
Ո	Ց	A	Տ	Զ	Վ	Բ	Ղ	Ա	H	Ր	Գ	Շ	Ղ
H	Մ	Գ	Շ	Ե	Վ	Վ	Մ	Խ	Դ	Տ	Ո	Ա	Տ
Խ	Ո	Ր	Ե	Ո	Գ	Ր	Ա	Ֆ	Ի	Ա	Ր	Կ	E
Շ	Ւ	Փ	Ո	Ր	Ձ	Ռ	Ր	Թ	Ն	Հ	Ծ	Ո	Ա
Ճ	Ն	Փ	Զ	Ռ	Ի	Թ	Մ	Պ	Ղ	Ա	Ը	Ւ	Ր
L	Ք	Ո	H	P	Փ	Վ	Ի	Ք	Ա	Յ	Ն	Յ	Վ
Ա	Բ	Ժ	Ր	Ֆ	Գ	Պ	Ն	Տ	Ր	Տ	Կ	Թ	Ե
Ո	Ն	A	Ս	Հ	Ղ	Ց	Զ	E	Ւ	Ի	Ե	Ռ	Ս
Ա	Վ	Ա	Ն	Դ	Ա	Կ	Ա	Ն	Ի	Չ	Ր	Չ	Տ
Ց	Ա	Տ	Կ	Ե	L	Ա	Կ	Ա	Դ	Ե	Մ	Ի	Ա
Ե	Ր	Ա	Ժ	Շ	Տ	Ո	Ւ	Թ	Յ	Ո	Ւ	Ն	Տ

ԱԿԱԴԵՄԻԱ
ԱՐՎԵՍՏ
ԴԱՍԱԿԱՆ
ԳՈՐԾԸՆԿԵՐ
ԽՈՐԵՈԳՐԱՖԻԱ
ՄԱՐՄԻՆ
ՄՇԱԿՈՒՅԹ
ՄՇԱԿՈՒԹԱՅԻՆ
ԶԳԱՑՄՈՒՆՔ
ԱՐՏԱՀԱՅՏԻՉ
ՈՒՐԱԽ
ՇՆՈՐՀ
ՇԱՐԺՈՒՄ
ԵՐԱԺՇՏՈՒԹՅՈՒՆ
ՓՈՐՁ
ՌԻԹՄ
ՑԱՏԿԵԼ
ԱՎԱՆԴԱԿԱՆ

43 - Commedia

Ի	Մ	Պ	Ր	Ո	Վ	Ի	Զ	Ա	Ց	Ի	Ա	Մ	Զ
Ժ	Ա	Մ	Ա	Ն	Ց	Ք	Մ	Շ	Ւ	P	Ո	L	Վ
Ղ	Ր	Շ	Ժ	Ֆ	Ո	K	Խ	Ֆ	Ե	Ր	Խ	Ս	Ա
Դ	Տ	Շ	H	P	Փ	Ֆ	Ո	Ւ	Դ	Պ	Է	Ա	Ր
Ժ	Ա	Հ	Ո	Ւ	Մ	Ո	Ր	Ւ	Դ	Ա	Փ	Ր	Ճ
Է	Հ	Խ	Կ	Ա	Տ	Ա	Կ	Ն	Ե	Ր	Ե	Ա	Ա
Ժ	Ա	Ն	Ր	Խ	Փ	Թ	Ա	Տ	Ր	Ո	Ն	Ն	L
Փ	Յ	Ձ	Վ	Չ	Ե	Ց	Զ	Ց	Ա	Դ	Ւ	Թ	Ի
Ա	Տ	Չ	O	Է	Բ	L	O	Հ	Ս	Ի	Ք	P	Ր
Ծ	Ի	Ծ	Ա	Ղ	Ճ	Հ	Ա	Զ	Ա	Ա	Չ	Յ	E
Ս	Չ	Շ	Բ	Ե	H	P	L	Ց	Ն	Ֆ	Ճ	Փ	Բ
Ջ	K	A	Ղ	Վ	Փ	Ռ	Ղ	Ձ	Ի	Վ	Ջ	Ւ	E
Ծ	Ա	Ղ	Ր	Ա	Ծ	Ո	Ւ	Ն	Ե	Ր	Զ	Ա	Ջ
Դ	Ե	Ր	Ա	Ս	Ա	Ն	Ո	Ւ	Հ	Ի	Պ	Ը	Ղ

ԴԵՐԱՍԱՆ
ԴԵՐԱՍԱՆՈՒՀԻ
ԾԱՂՐԱԾՈՒՆԵՐ
ԶՎԱՐՃԱԼԻ
ԺԱՄԱՆՑ
ԱՐՏԱՀԱՅՏԻՉ
ԺԱՆՐ
ԻՄՊՐՈՎԻԶԱՑԻԱ
ԽԵԼԱՑԻ
ՊԱՐՈԴԻԱ
ԼՍԱՐԱՆ
ԾԻԾԱՂ
ԿԱՏԱԿՆԵՐ
ԹԱՏՐՈՆ
ՀՈՒՄՈՐ

44 - Scuola #1

Ա	Շ	Վ	Ը	Վ	Ս	Ա	Թ	Ո	Ւ	Ղ	Թ	Թ	Գ
Շ	Թ	Ձ	E	Վ	Ա	Յ	Վ	Ւ	Գ	Պ	Մ	Ղ	Ր
Մ	Չ	Ո	Ի	Ֆ	Փ	Բ	Ե	Ս	Ր	Ա	Ա	Թ	Ա
Ա	Մ	Դ	Ռ	Տ	Ն	Ո	Ր	Ո	Ա	Տ	Ր	Ա	Դ
Թ	Խ	Ա	Ֆ	Ր	Շ	Ւ	Ց	Ւ	Ս	Ա	Կ	Պ	Ա
Ե	Ճ	Ս	Տ	Ի	Ս	Բ	E	Ց	Ե	Ս	Ե	Ա	Ր
Մ	Չ	Ա	Ո	Ի	Չ	Ե	Ռ	Ի	Ղ	Խ	Ր	Ն	Ա
Ա	O	Ր	Շ	K	Տ	Ն	Ս	Չ	Ա	Ա	Ն	Ա	Ն
Տ	L	Ա	Թ	Ս	Բ	Փ	Ո	Գ	Ն	Ն	Ե	Կ	Դ
Ի	Վ	Ն	Ճ	Տ	Ֆ	A	Վ	Ր	K	Ն	Ր	Ն	Ջ
Կ	K	Ջ	Ֆ	K	Ռ	Ռ	Ո	Ք	Բ	Ե	Ղ	Ե	Ծ
Ա	Կ	O	Ռ	A	K	Գ	Ր	Ե	L	Ր	L	Ր	Ց
Ի	Ք	Ո	Ե	Ը	Ն	Կ	Ե	Ր	Ն	Ե	Ր	Հ	Բ
Տ	Ժ	Ա	Մ	Ա	Ն	Ց	L	P	Ո	E	O	Փ	Փ

ԱՅԲՈՒԲԵՆ
ԸՆԿԵՐՆԵՐ
ԴԱՍԱՐԱՆ
ԳՐԱԴԱՐԱՆ
ԹՈՒՂԹ
ԹՂԹԱՊԱՆԱԿՆԵՐ
ԺԱՄԱՆՑ
ՈՒՍՈՒՑԻՉ
ԳՐՔԵՐ
ՄԱՐԿԵՐՆԵՐ
ՄԱԹԵՄԱՏԻԿԱ
ՄԱՏԻՏ
ԹՎԵՐ
ՍՈՎՈՐԵԼ
ՃԱՇ
ՊԱՏԱՍԽԱՆՆԵՐ
ԳՐԱՍԵՂԱՆ
ԳՐԵԼ
ԱԹՈՌ

45 - Fiori

E	Յ	Կ	A	Ց	Օ	Ժ	Ո	Ի	Լ	Ւ	Ւ	A	Ճ
Ւ	Ո	Չ	Լ	Ե	Ր	Հ	Ձ	Հ	Ժ	P	Լ	Փ	Գ
Ջ	Ի	Օ	Ք	Ո	Խ	Ն	Ա	Ր	Դ	Ո	Ս	Ո	Կ
Բ	Զ	Հ	Ի	Բ	Ի	Ս	Կ	Ո	Ւ	Ս	Թ	Ւ	Ա
Փ	Ք	Ռ	Ռ	Պ	Դ	Ե	Զ	Ի	Գ	K	Ք	Ն	Լ
Պ	Ե	P	A	Ի	Ա	Ր	Ը	Վ	Ա	Ր	Դ	Ջ	Ե
Ց	Հ	Պ	Օ	Ո	Ն	Ե	Ո	Բ	Ր	Թ	Դ	P	Ն
Ղ	Ն	Ա	Օ	Ն	Դ	Ք	E	Թ	Դ	Ե	Ա	Ֆ	Դ
A	Փ	Խ	Ս	Թ	Ե	Ն	Բ	Ը	Ե	Ր	Պ	Ի	Ո
Զ	Զ	Խ	Ի	Մ	Լ	Ո	K	Ք	Ն	Ը	A	Կ	Ւ
Կ	Ա	Կ	Ա	Չ	Ի	Ւ	S	A	Յ	Ձ	Փ	Դ	Լ
P	Մ	Թ	Ծ	Ր	Ո	Կ	Յ	Ք	Ա	Մ	K	Ձ	Ա
Խ	P	E	Զ	P	Ն	Մ	Ա	Գ	Ն	Ո	Լ	Ի	Ա
Ա	Ր	Ե	Ւ	Ա	Ծ	Ա	Ղ	Ի	Կ	E	Վ	Ս	Ւ

ԿԱԼԵՆԴՈՒԼԱ
ԴԱՆԴԵԼԻՈՆ
ԳԱՐԴԵՆՅԱ
ՀԱՍՄԻԿ
ԱՐԵՒԱԾԱՂԻԿ
ՀԻԲԻՍԿՈՒՍ
ՆԱՐԴՈՍ
ՄԱԳՆՈԼԻԱ

ԴԵԶԻ
ՓՈՒՆՋ
ՕՐԽԻԴ
ՊԻՈՆ
ԹԵՐ
ՎԱՐԴ
ԵՐԵՔՆՈՒԿ
ԿԱԿԱՉ

46 - Ecologia

Ծ	Ճ	Ա	Հ	Ի	Ճ	Ռ	A	Պ	A	Ռ	Գ	Ն	Բ
Գ	Ո	Կ	Ա	Յ	Ո	Ւ	Ն	Ֆ	Հ	Ե	Օ	Ծ	Ն
Ո	Ծ	Վ	Թ	Ջ	Ջ	Ջ	Պ	Լ	Ա	Ս	Ա	Օ	Ա
Յ	Դ	Ջ	Ա	Գ	Օ	E	Գ	Ո	Մ	Ո	Է	Ջ	Կ
Ա	Ե	Ձ	Բ	Յ	A	Փ	Չ	Ր	Ա	Ւ	Ւ	Ի	Ա
Տ	Ր	Ֆ	Ն	Ո	Ի	Ջ	Խ	Ա	Յ	Ր	Հ	Ն	Ն
Ե	Ա	Ճ	Ո	Բ	Ւ	Ն	Տ	Ժ	Ն	Ս	Մ	Դ	Ա
Ւ	Շ	Ւ	Ւ	Է	Ր	Յ	Ե	Ք	Ք	Ն	Ց	Ա	Ձ
Ո	Տ	Ժ	Թ	Մ	Չ	Ձ	Ս	Լ	Ն	Ե	Ռ	Ր	Ց
Ւ	Ա	Կ	Յ	Ր	Ք	Ռ	Ա	Ե	Ե	Ր	Ե	Ք	Ձ
Մ	Գ	Լ	Ո	Բ	Ա	Լ	Կ	Ռ	Ր	Ծ	Վ	Ծ	Ֆ
Ի	Հ	Ի	Ւ	Մ	Պ	Յ	Ն	Ն	Չ	Տ	Լ	E	Ռ
Շ	Է	Մ	Ն	Հ	Ի	Լ	Ե	Ե	Ի	Ք	Չ	Վ	Մ
Ք	Բ	Ա	Ն	Վ	Մ	P	Ր	Ր	E	Բ	Ց	Ն	Գ

ԿԼԻՄԱ
ՀԱՄԱՅՆՔՆԵՐ
ՖԱՈՒՆԱ
ՖԼՈՐԱ
ԳԼՈԲԱԼ
ԾՈՎԱՅԻՆ
ԼԵՌՆԵՐ
ԲՆՈՒԹՅՈՒՆ
ԲՆԱԿԱՆ
ՃԱՀԻՃ
ԲՈՒՅՍԵՐ
ՌԵՍՈՒՐՍՆԵՐ
ԵՐԱՇՏ
ԳՈՅԱՏԵՒՈՒՄ
ԿԱՅՈՒՆ
ՏԵՍԱԿՆԵՐ

47 - Discipline Scientifiche

Հ	Ս	Ֆ	Ի	Զ	Ի	Կ	Ա	Ե	Մ	E	Ք	Ռ	Հ
Ն	Ն	Կ	Մ	Լ	Ռ	Է	Կ	Ո	Լ	Ո	Գ	Ի	Ա
Ա	Ո	Ի	Ո	H	Տ	Խ	Տ	Պ	Կ	Պ	Ռ	Ջ	Ն
Գ	Ւ	Ն	Ւ	Ջ	Գ	Ե	Ո	Ղ	P	Լ	Ջ	O	Ք
Ի	Ց	Ե	Ն	Ս	Ո	Ց	Ի	Ո	Լ	Ո	Գ	Ի	Ա
Տ	Ո	Զ	Ո	Ք	Ի	Մ	Ի	Ա	Չ	Ո	Ն	Խ	Յ
Ո	Ւ	Ի	Լ	Տ	Զ	Ց	Ղ	Ց	Հ	Ժ	Է	Ճ	Ի
Ւ	Մ	Ո	Ո	Ց	Ս	Մ	H	Ա	Ր	Փ	Մ	Ն	Ն
Թ	Ւ	Լ	Գ	Կ	Ե	Ն	Ս	Ա	Ք	Ի	Մ	Ի	Ա
Յ	Թ	Ո	Ի	Ֆ	Ի	Զ	Ի	Ո	Լ	Ո	Գ	Ի	Ա
Ո	Բ	Գ	Ա	K	Պ	Մ	Ե	Խ	Ա	Ն	Ի	Կ	Ա
Ւ	Ճ	Ի	Ռ	Ո	Բ	Ո	Տ	Ի	Կ	Ա	Ւ	Ն	Թ
Ն	Է	Ա	Յ	Ջ	Ւ	Ը	Դ	Ձ	E	Ռ	Ֆ	H	Ճ
Ա	Ն	Ա	Տ	Ո	Մ	Ի	Ա	Ծ	K	Ո	Դ	Ի	Է

ԱՆԱՏՈՄԻԱ
ՀՆԱԳԻՏՈՒԹՅՈՒՆ
ԿԵՆՍԱՔԻՄԻԱ
ՔԻՄԻԱ
ԷԿՈԼՈԳԻԱ
ՖԻԶԻԿԱ
ՖԻԶԻՈԼՈԳԻԱ
ԻՄՈՒՆՈԼՈԳԻԱ
ԿԻՆԵԶԻՈԼՈԳԻԱ
ՄԵԽԱՆԻԿԱ
ՀԱՆՔԱՅԻՆ
ՍՆՈՒՑՈՒՄ
ՌՈԲՈՏԻԿԱ
ՍՈՑԻՈԼՈԳԻԱ

48 - Scienza

Օ	Դ	Ֆ	E	Հ	Վ	Ը	Ս	Ճ	Կ	Ւ	Փ	Հ	Բ
Տ	Ր	Ջ	Ի	A	Ա	Մ	Ե	Թ	Ո	Դ	Ա	Ի	Ն
Վ	Ե	Գ	Ց	Զ	Յ	Ն	Փ	Գ	Ծ	Մ	Ս	Փ	Ո
Յ	Ց	Ւ	Ա	Ե	Ի	Ւ	Ք	Զ	Ղ	Ա	Տ	Ո	Ւ
Ա	Ճ	Լ	P	Ն	Դ	Կ	Գ	Ա	P	Ս	Ռ	Թ	Թ
Լ	Է	Գ	Ք	Ռ	Ի	K	Ա	Տ	Յ	Ն	Ռ	Ե	Յ
Ն	Վ	Ի	Ի	Ղ	Տ	Զ	Ռ	Ո	Գ	Ի	Խ	Ք	Ո
Ե	Ո	Տ	Մ	Լ	Ա	Բ	Մ	Մ	Ռ	Կ	Ն	Ա	Ւ
Ր	Լ	Ն	Ի	H	Ր	Ո	Ր	Ծ	Կ	Ն	K	Յ	Ն
Մ	Ո	Ա	Ա	Ծ	Կ	Լ	Ի	Մ	Ա	Ե	Ճ	Ի	Ձ
Խ	Ւ	Կ	Կ	Բ	Ո	Ւ	Յ	Ս	Ե	Ր	Կ	Ն	Ն
A	Ց	Ա	Ա	Օ	Ւ	Հ	Ա	Ն	Ա	Ծ	Ո	Ռ	Գ
Ծ	Ի	Ն	Ն	Ս	Մ	Ռ	Լ	Հ	Ք	Փ	Ո	Ր	Ձ
Լ	Ա	Բ	Ո	Ր	Ա	Տ	Ո	Ր	Ի	Ա	Դ	Տ	K

ԱՏՈՄ
ՔԻՄԻԱԿԱՆ
ԿԼԻՄԱ
ՏՎՅԱԼՆԵՐ
ՓՈՐՁ
ԷՎՈԼՈՒՑԻԱ
ՓԱՍՏ
ՖԻԶԻԿԱ
ՀԱՆԱՃՈ
ՀԻՓՈԹԵՔԱՅԻՆ
ԼԱԲՈՐԱՏՈՐԻԱ
ՄԵԹՈԴ
ՀԱՆՔԱՅԻՆ
ԲՆՈՒԹՅՈՒՆ
ՕՐԳԱՆԻԶՄ
ԴԻՏԱՐԿՈՒՄ
ՄԱՍՆԻԿՆԵՐ
ԲՈՒՅՍԵՐ
ԳԻՏՆԱԿԱՆ

49 - Acqua

Ֆ	Ջ	Ը	Ս	Դ	Վ	A	Ս	Ղ	Ա	Ա	H	Ա	Խ
Բ	Ր	Ո	Ց	Ա	Ռ	K	Զ	Ջ	Ն	Զ	P	Յ	Ռ
Վ	Յ	Թ	Ն	Ց	Ռ	Ե	Յ	Թ	Մ	Ծ	Գ	Ը	Վ
Բ	Ե	Գ	Ց	Ա	Ք	Ո	Ո	Ռ	Ո	Գ	Ո	Ւ	Մ
Օ	Ղ	Ե	Ո	Լ	Ն	Զ	Ւ	Ժ	E	Փ	Լ	Թ	Ո
Վ	Ե	Տ	Ւ	Ի	Ք	Յ	Ն	Յ	Ֆ	Ո	Ո	Ր	Ւ
Կ	Ղ	Ւ	Ղ	Ք	Ծ	A	Մ	H	Ց	Թ	Ր	Ր	Ս
Ի	Ի	Գ	Յ	Ն	Չ	Ո	Ւ	Յ	Գ	Ո	Շ	Վ	Ո
Ա	Ն	Զ	Ր	Ե	Ւ	Ը	Մ	Դ	Ո	Ր	Ի	Վ	Ն
Ն	Տ	Ճ	Է	Ր	Յ	Թ	Ե	Բ	Ց	Ի	Ա	Լ	Օ
Ո	Լ	Չ	K	K	Ճ	Ղ	Վ	Ա	Մ	Կ	Ց	Ճ	Թ
Ս	Ա	Ռ	Ն	Ա	Մ	Ա	Ն	Ի	Ք	Վ	Ո	Յ	Լ
Ա	Ն	Գ	Ե	Յ	Չ	Ե	Ր	E	Ր	Ի	Ւ	E	Ի
Թ	Ի	Լ	Տ	Լ	Չ	Լ	Օ	E	Դ	A	Մ	Տ	Ճ

ՋՐՅԵՂԵՂ
ՑՆՑՈՒՂ
ԳՈԼՈՐՇԻԱՑՈՒՄ
ԳԵՏ
ՍԱՌՆԱՄԱՆԻՔ
ԳԵՅՉԵՐ
ՍԱՌՈՒՅՑ
ՈՌՈԳՈՒՄ
ԼԻՃ
ՄՈՒՍՈՆ
ՁՅՈՒՆ
ՕՎԿԻԱՆՈՍ
ԱԼԻՔՆԵՐ
ԱՆՁՐԵՒ
ՓՈԹՈՐԻԿ
ՉՈՒՅԳ

50 - Gatti

Ց	Ս	Ո	Մ	Ո	Ւ	Կ	Ք	Ն	Ե	Լ	Յ	Պ	A
Զ	Ց	Խ	Ր	Ա	P	Ֆ	Ի	Տ	Բ	Թ	Դ	Ե	Ք
Ձ	Ղ	Ե	Է	Ս	Ն	Լ	Չ	Ր	Ո	Ա	Գ	Ծ	Շ
Մ	Ճ	Ն	Ո	Ս	Ո	Վ	Ք	Ծ	Ի	Օ	Զ	Փ	Ջ
Ս	Լ	Թ	Ա	Թ	Ֆ	Ր	Ա	Մ	Ա	Չ	Կ	Ո	Տ
Բ	Գ	Խ	Ն	Ճ	Ճ	Շ	Դ	Ծ	Հ	K	Ն	Հ	Օ
Մ	Փ	Զ	Կ	Ի	Ո	Ձ	Հ	Ւ	Ք	Թ	Ճ	Յ	Ճ
Դ	Պ	Պ	Ա	Տ	Ռ	Ե	Լ	Ւ	Մ	Հ	Ի	Է	Կ
K	Ո	Ծ	Խ	P	Ո	Փ	Ո	Լ	Ճ	Տ	Օ	K	Պ
Ղ	Չ	Բ	Ը	Մ	Ա	Ա	Ը	Վ	Ա	Յ	Ր	Ի	Ը
Ջ	Պ	Ս	Վ	Հ	Ն	Ղ	Ր	Ս	A	Ղ	Կ	Փ	Ո
Ջ	Վ	Ա	Ր	Ճ	Ա	Լ	Ի	Ա	Ւ	Օ	Ձ	Է	Ի
Ժ	H	Կ	Ղ	Ժ	P	Վ	Կ	Յ	Գ	Բ	H	Ո	Է
Հ	Ե	Տ	Ա	Ք	Ր	Ք	Ր	Ա	Ս	Ե	Ր	Ւ	Ժ

ՊԱՏՌԵԼ
ՈՐՍՈՐԴ
ՊՈՉ
ՀԵՏԱՔՐՔՐԱՍԵՐ
ՋՎԱՐՃԱԼԻ
ՔՆԵԼ
ՄԱՆՎԱԾՔ
ԱՆԿԱԽ
ԽԵՆԹ
ՔԻՉ
ՎԱՅՐԻ
ԱՄԱՉԿՈՏ
ՄՈՒԿ
ԱՐԱԳ
ԹԱԹ

51 - Surf

Ս	Ղ	H	Տ	Ի	Օ	Ժ	E	Ո	E	Է	Լ	Մ	Ք
P	Կ	Է	Կ	Ը	Բ	Վ	Ա	Լ	Ի	Ք	Ո	Ա	Հ
Ծ	Խ	Ս	Ռ	Ֆ	Զ	Մ	Կ	Մ	Ճ	K	Ղ	Ր	Ա
Ռ	Ի	H	Ն	Ծ	Խ	Ք	Ո	Ի	Ա	Ծ	Ա	Զ	Ն
Ե	Ղ	Ա	Ն	Ա	Կ	Ւ	Մ	Դ	Ա	Ն	Լ	Ի	Ր
Լ	Ո	Ղ	Ա	Փ	Կ	Մ	Ը	Ս	Ն	Ն	Ց	Կ	Ա
Ի	Ա	Ո	Կ	Փ	Յ	E	Ճ	Տ	Ա	Ձ	Ո	Տ	Ճ
Ե	Ս	Թ	Ծ	Ր	Ռ	Կ	Լ	Ա	Ո	Ւ	Ժ	Ս	Ա
Ֆ	Ժ	Ա	Ժ	Փ	Կ	Ո	Չ	Մ	Ճ	Ճ	Ձ	Վ	Ն
Բ	Ա	Զ	Մ	Ո	Ւ	Թ	Յ	Ո	Ւ	Ն	Ը	Ը	Ա
Ս	H	Բ	Ը	Ւ	Ց	Ա	E	Ք	Գ	Լ	Փ	Ձ	Չ
Տ	Ը	Զ	Բ	Ր	Տ	Ձ	A	Ս	Դ	A	Ս	A	Զ
Ծ	Ա	Յ	Ր	Ա	Հ	Ե	Ղ	Ի	Լ	Կ	Ծ	Ֆ	Գ
Չ	Ե	Մ	Պ	Ի	Ո	Ն	Խ	Լ	Ճ	Դ	Գ	Բ	Չ

ՄԱՐԶԻԿ
ՉԵՄՊԻՈՆ
ԺԱՄԱՆՑ
ԾԱՅՐԱՀԵՂ
ԲԱԶՄՈՒԹՅՈՒՆԸ
ՈՒԺ
ԵՂԱՆԱԿ
ԼՈՂԱԼ
ՕՎԿԻԱՆՈՍ

ԱԼԻՔ
ՀԱՆՐԱՃԱՆԱՉ
ՍԿՍՆԱԿ
ՓՐՓՈՒՐ
ՌԵԼԻԵՖ
ԼՈՂԱՓ
ՈՃ
ՍՏԱՄՈՔՍԻ

52 - Imbarcazioni

Ձ	H	Շ	Ն	Խ	Պ	Ն	Մ	Յ	Ձ	Ա	Ս	Թ	Յ
Ծ	Ո	Վ	Ա	Ա	Լ	Ի	Ք	Ը	Յ	Ն	Ա	Պ	Ժ
Զ	Ժ	Ժ	Վ	Ր	Բ	Ո	Ւ	Յ	Դ	Ձ	Յ	Դ	Գ
Ղ	K	Տ	Ա	Ի	Ժ	Ղ	K	Ձ	Կ	Ն	Լ	Ի	Ճ
Լ	Գ	Ֆ	Ս	Ս	Յ	Ի	Ձ	Զ	Ա	Ա	Բ	Յ	Զ
Ր	Գ	Ե	Տ	Խ	Պ	Օ	Չ	Ծ	Յ	Կ	Ո	Գ	Բ
Պ	H	P	Ի	E	Ղ	Ա	Վ	Զ	Ա	Ա	Ա	Ֆ	Ո
Ծ	Ո	Վ	Ա	Յ	Ի	Ն	Ր	Կ	Կ	Զ	Տ	Խ	Ս
Ա	Լ	Ի	Ք	Ն	Ե	Ր	Յ	Ա	Ի	Մ	A	Կ	Ա
Ն	Տ	Թ	Դ	Մ	Գ	Ճ	Է	Յ	Ն	Ա	Ձ	Վ	Ն
Լ	Ա	Ս	Տ	Ա	Ն	Ա	Վ	Մ	Մ	Ո	Ն	E	Ա
Չ	Կ	Ձ	Չ	Ֆ	Ձ	E	Ն	Ա	Վ	Ա	Կ	Ո	Վ
Ջ	Զ	Զ	Ս	Փ	Չ	Դ	Ը	Ֆ	Թ	H	Կ	E	Ս
Թ	Տ	Ճ	Լ	Ք	Ե	Զ	Չ	Վ	Ք	Ֆ	Ն	K	E

ԿԱՅՄ
ԽԱՐԻՍԽ
ՍԱՅԼԲՈԱՏ
ԲՈՒՅ
ՆԱՎԱԿ
ՊԱՐԱՆ
ԱՆՁՆԱԿԱԶՄ
ԳԵՏ
ԿԱՅԱԿ
ԼԻՃ
ԾՈՎ
ԱԼԻՔԸ
ՆԱՎԱՍՏԻ
ՇԱՐԺԻՉ
ԾՈՎԱՅԻՆ
ՕՎԿԻԱՆՈՍ
ԱԼԻՔՆԵՐ
ԼԱՍՏԱՆԱՎ
ԶԲՈՍԱՆԱՎ

53 - Api

H	Ր	Է	Մ	Մ	Ե	Ղ	Ր	Ա	Յ	Գ	Ի	Յ	Գ
E	H	Ժ	Ր	Ի	Կ	Շ	Լ	Ր	Ջ	Ց	Յ	Ո	Ժ
Փ	Թ	Ջ	Գ	Ջ	Կ	Բ	Պ	Ե	Ֆ	Յ	Պ	H	Ծ
Ե	Ե	Վ	Ե	Ա	Ո	Ծ	Ո	Ւ	Խ	P	Ձ	Փ	Ա
Թ	Ւ	Թ	Ր	Տ	Ց	Խ	Լ	Ւ	Ձ	Ե	Ի	E	Ղ
Կ	Ե	Շ	Ա	Հ	Ա	Վ	Ե	Տ	Յ	Ռ	Ո	Ֆ	Ի
Ժ	Ր	Թ	Ժ	Կ	H	Ց	Ն	Պ	Շ	Ս	Լ	Գ	Կ
Ս	Բ	Ա	Ձ	Փ	Ւ	P	Ղ	Ց	Չ	E	Ե	A	Ն
Ղ	Ն	Գ	Թ	Ո	Ա	Ր	Ց	Ե	Ր	Թ	Ճ	Ր	Ե
Է	Կ	Ո	Հ	Ա	Մ	Ա	Կ	Ա	Ր	Գ	Է	Է	Ր
Ք	Ի	Ւ	Ւ	Յ	Ո	Ձ	Ն	Ձ	Լ	A	Ս	Ղ	Կ
Ֆ	Ո	Հ	Խ	Ն	Մ	P	Ծ	Ն	Մ	Դ	Ը	Վ	Խ
Ֆ	E	Ի	Ս	Յ	Դ	Օ	Բ	Չ	Ձ	Կ	Ո	Ք	Խ
K	Ց	Ղ	Գ	Ձ	Ի	Տ	Դ	Կ	Ւ	Ռ	Թ	Խ	Ռ

ԹԵՒԵՐ
ՓԵԹԱԿ
ՇԱՀԱՎԵՏ
ՄՈՄ
ՍՆՈՒՆԴ
ԷԿՈՀԱՄԱԿԱՐԳ
ԾԱՂԻԿՆԵՐ
ՄՐԳԵՐ
ԾՈՒԽ

ԱՅԳԻ
ՄԻՋԱՏ
ՄԵՂՐ
ԲՈՒՅՍԵՐ
ՊՈԼԵՆ
ԹԱԳՈՒՀԻ
ԵՐԹ
ԱՐԵՒ

54 - Conservazione

Կ	K	Ֆ	Ց	Ճ	E	H	Ղ	Ջ	Բ	Կ	Ծ	Վ	Մ
Փ	Ա	Ռ	Ր	Ռ	Զ	Ջ	Ձ	Ը	Ն	Ա	Ե	Ե	Տ
Փ	Ի	Ն	Ց	Գ	Ց	Ն	Է	Ձ	Ա	Մ	Լ	Ր	Ա
Օ	Կ	Թ	Ա	Է	Ձ	Ջ	Հ	Յ	Պ	Ա	Ռ	Ա	Հ
Կ	Ր	E	A	Չ	Ի	Պ	Տ	Զ	Ա	Վ	P	Մ	Ո
Ր	Թ	Գ	Կ	Ա	Յ	Ո	Ւ	Ն	Հ	Ո	Ջ	Շ	Գ
Ղ	Ո	Ձ	Ա	Ջ	Ո	Ւ	Ր	Խ	Պ	Ր	Ղ	Ա	Ո
Շ	Ւ	K	Ղ	Ն	Ց	Ի	Կ	Լ	Ա	Թ	Ֆ	Կ	Ւ
Է	Թ	Է	Ն	Վ	Ա	Զ	Ե	Ց	Ն	Ե	Լ	Ե	Թ
K	Յ	Ր	Ը	Օ	Ը	Կ	Ս	Մ	Ա	Գ	Ճ	Լ	Յ
Ր	Ո	Հ	Փ	Գ	Խ	Լ	Ա	Ջ	Կ	Լ	Յ	Ռ	Ո
Ձ	Ւ	Դ	Բ	H	Փ	Ի	Բ	Ն	Ա	Կ	Ա	Ն	Ւ
Ճ	Ն	Մ	P	Ր	A	Մ	K	H	Ն	Ք	Ք	Տ	Ն
Է	Կ	Ո	Հ	Ա	Մ	Ա	Կ	Ա	Ր	Գ	A	Տ	H

ՋՈՒՐ
ԲՆԱՊԱՀՊԱՆԱԿԱՆ
ՑԻԿԼ
ԿԼԻՄԱ
ԷԿՈՀԱՄԱԿԱՐԳ
ԿՐԹՈՒԹՅՈՒՆ
ԲՆԱԿԱՆ
ՕՐԳԱՆԱԿԱՆ
ՄՏԱՀՈԳՈՒԹՅՈՒՆ
ՎԵՐԱՄՇԱԿԵԼ
ՆՎԱԶԵՑՆԵԼ
ԿԱՅՈՒՆ
ԿԱՆԱՉ
ԿԱՄԱՎՈՐ

55 - Strumenti Musicali

Վ	Կ	Մ	Զ	Գ	P	Մ	Ս	Ֆ	Տ	Ի	Չ	A	Ի
Փ	Է	Թ	Բ	Ս	Դ	Ա	Ա	Լ	Ֆ	Ա	Բ	Օ	Ճ
Տ	Խ	Ջ	Ք	Ջ	Պ	Ր	Ք	Ե	Ծ	Ա	Վ	Չ	Ծ
Ր	Շ	Ե	Փ	Ո	Ր	Ի	Ս	Յ	Է	Բ	Ս	Ի	Խ
Ո	Ց	E	E	Ւ	Ռ	Մ	Ո	Տ	Գ	Ց	Ձ	Ո	Ղ
Մ	E	Յ	E	Թ	Դ	Բ	Ֆ	Ա	K	Ծ	Ը	Բ	Ն
Բ	Ա	Ջ	Ջ	Ա	Շ	Ա	Ո	Ք	Ց	Ջ	Մ	Ա	Բ
Ո	Է	Ն	Է	Կ	Զ	Ժ	Ն	P	Գ	Ք	Օ	Ն	Ո
Ն	Ա	Թ	Դ	Ա	Շ	Ն	Ա	Մ	Ո	Ւ	Ր	Ջ	Ւ
H	Յ	Ք	Ն	Ո	Կ	Լ	Ա	Ր	Ն	Ե	Տ	Ո	Բ
Վ	Ի	Փ	Ծ	Ե	Լ	Ո	H	Դ	Գ	Օ	Բ	Ո	Ե
Ղ	Օ	Ո	Դ	Ռ	Կ	Ի	Թ	Ա	Ռ	Ն	Ճ	Կ	Ն
Հ	Ձ	Ւ	Փ	Թ	K	Յ	Ն	Թ	Մ	Բ	Ո	Ւ	Կ
Շ	Փ	Ր	Գ	Չ	Թ	Ա	Վ	Ջ	Ո	Ւ	Թ	Ա	Կ

ՏԱՎԻՂ
ԲԱՆՋՈ
ԿԻԹԱՌ
ԿԼԱՐՆԵՏ
ՖԱՍՈՆ
ՖԼԵՅՏԱ
ԳՈՆԳ
ՄԱՆԴՈԼԻՆ
ՄԱՐԻՄԲԱ
ՕԲՈԵ
ԴԱՇՆԱՄՈՒՐ
ՍԱՔՍՈՖՈՆ
ԲՈՒԲԵՆ
ԹՄԲՈՒԿ
ՇԵՓՈՐ
ՏՐՈՄԲՈՆ
ՋՈՒԹԱԿ
ԹԱՎՋՈՒԹԱԿ

56 - Professioni #2

Հ	Ի	Ն	Ժ	Ե	Ն	Ե	Ր	Օ	Յ	Ս	Բ	Ն	Յ
Ե	Ճ	Բ	Զ	Մ	Փ	Չ	Զ	Դ	Ռ	Գ	H	Կ	Է
Տ	Լ	Գ	Ր	Ա	Դ	Ա	Ր	Ա	Ն	Ա	Վ	Ա	Ր
Ա	Ր	Ղ	Ս	Գ	Ա	Գ	Ա	Չ	Ո	Ճ	Ծ	Ր	A
Զ	Ա	Տ	Ա	Մ	Ն	Ա	Բ	Ո	Ւ	Յ	Ժ	Ի	Տ
Ո	Գ	Յ	P	Օ	Շ	Ն	Ք	Ւ	Ս	Կ	Ո	Չ	Ի
Տ	Ր	Ձ	Գ	Ւ	Փ	Կ	Ն	Կ	Ո	Դ	Բ	Թ	Ե
Ո	Ո	Ւ	Ֆ	Ե	Ը	Ա	Ն	Ե	Ւ	Լ	Հ	E	Զ
Ղ	Ղ	Ի	Ի	Ռ	Պ	Ր	Ի	Ն	Ց	Է	Ր	Ֆ	Ե
H	Ը	Չ	K	Ծ	Գ	Ա	Չ	Ս	Ի	Ա	Վ	Դ	Ր
Մ	Է	Շ	Է	Ձ	Ձ	Գ	Ն	Ա	Չ	Կ	Տ	Ղ	Ա
K	Ն	Մ	Զ	Վ	Ի	Ր	Ա	Բ	Ո	Ւ	Յ	Ժ	Գ
Բ	Փ	Ի	Լ	Ի	Ս	Ո	Փ	Ա	Է	Օ	Խ	Օ	Ե
Բ	Ժ	Ի	Շ	Կ	Գ	Ղ	Փ	Ն	Կ	Հ	Ն	K	Տ

ՏԻԵԶԵՐԱԳԵՏ
ԳՐԱԴԱՐԱՆԱՎԱՐ
ԿԵՆՍԱԲԱՆ
ՎԻՐԱԲՈՒՅԺ
ԱՏԱՄՆԱԲՈՒՅԺ
ՓԻԼԻՍՈՓԱ
ԱՅԳԵՊԱՆ
ԼՐԱԳՐՈՂ
ՆԿԱՐԱԳՐՈՂ
ԻՆԺԵՆԵՐ
ՈՒՍՈՒՑԻՉ
ՔՆՆԻՉ
ԲԺԻՇԿ
ՕԴԱՉՈՒ
ՆԿԱՐԻՉ
ՀԵՏԱԶՈՏՈՂ

57 - Letteratura

Բ	Ճ	Բ	Չ	Մ	E	Յ	Օ	Գ	Պ	Տ	Ի	Ւ	Գ
Ժ	Ժ	Ա	Ն	Ր	Հ	Յ	Ւ	Ւ	Ծ	Օ	Ջ	Ճ	Ե
Տ	Ք	Ն	H	Հ	Հ	Ա	Ն	Գ	Ֆ	Օ	Բ	Տ	Ղ
K	Հ	Ա	Ռ	Ի	Թ	Մ	Ն	Ց	Ւ	Պ	Խ	Ց	Ա
Ի	Ն	Ս	P	Փ	Ր	Ջ	Պ	Ա	Ռ	Փ	Ց	Ձ	Ր
Խ	Լ	Տ	Ֆ	Ն	Ո	Չ	Մ	Թ	Լ	Վ	E	Հ	Վ
Ո	Վ	Ե	Պ	Ա	Տ	Մ	Ո	Ղ	Ց	Ո	P	Ե	Ե
Ճ	Վ	Ղ	Թ	Ե	Մ	Ա	Հ	Թ	Ճ	Ա	Գ	Ղ	Ս
Լ	Ր	Ծ	Ց	Գ	Տ	Փ	Լ	Ձ	E	Ն	Ւ	Ի	Տ
P	Ֆ	Ա	Ջ	E	A	Ր	Բ	P	Ս	Ե	Ն	Ն	Ա
Ց	Է	Կ	Մ	Ր	Ջ	Շ	Ա	Բ	Բ	Կ	Ե	Ա	Կ
Բ	Ը	Ա	K	Կ	Ա	Ր	Ծ	Ի	Ք	Դ	Յ	Կ	Ա
Փ	Ց	Ն	Ա	Ց	Հ	Չ	Գ	E	Ն	Ո	A	Ք	Ն
Դ	Ս	Վ	Ր	Չ	Վ	Կ	P	Ո	H	Տ	Ձ	Ֆ	Չ

ԱՆԱԼՈԳԻԱ
ԱՆԵԿԴՈՏ
ՀԵՂԻՆԱԿ
ԳԵՂԱՐՎԵՍՏԱԿԱՆ
ԺԱՆՐ
ՊԱՏՄՈՂ
ԿԱՐԾԻՔ

ԲԱՆԱՍՏԵՂԾԱԿԱՆ
ՀԱՆԳ
ՌԻԹՄ
ՎԵՊ
ՈՃ
ԹԵՄԱ

58 - Cibo #2

Կ	Օ	Շ	Ը	Ս	Խ	Է	Թ	Շ	Բ	Բ	Ա	Լ	Գ
Ռ	Վ	Խ	Ա	Ղ	Ո	Ղ	Ը	Է	Ա	Ր	Ք	Ղ	Ա
Ո	A	Ֆ	Է	Ւ	Ձ	Ւ	Մ	Ծ	Ն	Ի	Ն	Ա	Ճ
Վ	Պ	Ց	Դ	Ք	Ա	Ղ	Ն	Չ	Ա	Ն	Ա	Ք	Ց
Պ	Յ	Փ	Հ	Օ	Պ	E	Յ	Կ	Ն	Ձ	Կ	Ե	Կ
Ց	Ո	Ր	Ե	Ն	Ո	Կ	A	Դ	E	Պ	Ա	Տ	Թ
Շ	Գ	Ի	K	Փ	Ւ	Ձ	Ա	Ֆ	Ո	Ա	K	Ղ	Բ
Ֆ	Ո	Չ	Ն	Ե	Խ	Ո	Ւ	Ր	Պ	Ն	Ր	Հ	Ր
Է	Ւ	Կ	H	Դ	Տ	Գ	Լ	Ո	Լ	Ի	Կ	Ա	Ո
Օ	Ր	Ջ	Ո	Ձ	Ո	Ւ	Թ	Դ	Փ	Ր	Ջ	Ց	Կ
Կ	Տ	K	Գ	Լ	A	Ս	Մ	Բ	Ո	Ւ	Կ	Ժ	Կ
A	Ի	Բ	Ռ	Պ	Ա	Պ	Ե	Ձ	Ո	Ւ	Կ	Խ	Ո
Ե	Բ	Վ	Ի	Թ	Ձ	Դ	Ռ	Ժ	Ձ	Հ	Ա	Վ	Լ
Ի	Շ	Ճ	Ի	Փ	Ծ	Խ	Ն	Ձ	Ո	Ր	Ը	Հ	Ի

ԲԱՆԱՆ
ԲՐՈԿԿՈԼԻ
ԲԱԼ
ՇՈԿՈԼԱԴ
ՊԱՆԻՐ
ՍՈՒՆԿ
ՑՈՐԵՆ
ԿԻՎԻ
ԽՆՁՈՐ
ՍՄԲՈՒԿ

ՀԱՑ
ՁՈՒԿ
ՀԱՎ
ԼՈԼԻԿ
ԽՈՉԱՊՈՒԽՏ
ԲՐԻՆՁ
ՆԵԽՈՒՐ
ՁՈՒ
ԽԱՂՈՂ
ՅՈԳՈՒՐՏ

59 - Nutrizione

Դ	Ա	Ռ	Ո	Ղ	Ջ	Գ	Լ	Պ	Հ	Հ	Ս	Մ	Ա
Ա	Ծ	Վ	Ս	Ո	Ո	Ւ	Ս	E	Ե	Ա	Պ	Ա	Ռ
Ռ	Խ	Խ	Մ	Ո	Ր	Ո	Ւ	Մ	Ղ	Մ	Ի	Ր	Ո
Ը	Ա	Խ	Ո	Ր	Ժ	Ա	Կ	Վ	Ո	Ե	Տ	Ս	Ղ
Հ	Ջ	Ճ	E	Ն	Թ	Գ	Կ	Ւ	Ւ	Մ	Ա	Ո	Ջ
Ա	Ր	Ռ	H	Ո	Դ	Ղ	Կ	Ծ	Կ	Ո	Կ	Ղ	Ո
Մ	Ե	Չ	Ջ	Ն	Ւ	Ի	Վ	Վ	Ն	Ւ	Ո	Ո	Ւ
Ը	Ր	Ք	Ա	Շ	Ը	Տ	Ե	Բ	Ե	Ն	Ւ	Ւ	Թ
Վ	Ի	Տ	Ա	Մ	Ի	Ն	Ե	Տ	Ր	Ք	Ց	Թ	Յ
Ս	Ն	Ն	Դ	Ա	Ր	Ա	Ր	Լ	Ա	Ն	Ն	Յ	Ո
Թ	Ց	Ե	Ռ	Ֆ	K	Մ	Ր	Ճ	Ի	Ե	Ե	Ո	Ւ
Կ	Ա	Լ	Ո	Ր	Ի	Ա	Ն	Ե	Ր	Ր	Ր	Ւ	Ն
E	Տ	Ո	Ք	Ս	Ի	Ն	Ժ	Շ	Հ	Ա	Ջ	Ն	Կ
P	Կ	Ք	Ե	Ծ	Ը	Ր	Ձ	Ռ	Պ	Փ	Ի	Մ	P

ԴԱՌԸ
ԱԽՈՐԺԱԿ
ԿԱԼՈՐԻԱՆԵՐ
ԱԾԽԱՋՐԵՐ
ՈՒՏԵԼԻ
ԴԻԵՏԱ
ՄԱՐՍՈՂՈՒԹՅՈՒՆ
ԽՄՈՐՈՒՄ
ՀԱՄԸ
ՀԵՂՈՒԿՆԵՐ
ՍՆՆԴԱՐԱՐ
ՔԱՇԸ
ՍՊԻՏԱԿՈՒՑՆԵՐ
ՈՐԱԿ
ՍՈՈՒՍ
ԱՌՈՂՋՈՒԹՅՈՒՆ
ԱՌՈՂՋ
ՀԱՄԵՄՈՒՆՔՆԵՐ
ՏՈՔՍԻՆ
ՎԻՏԱՄԻՆ

60 - Matematica

Տ	Կ	K	Ո	Ք	Ձ	Ա	Թ	Է	Հ	Ա	Ս	Ս	Ձ
Ա	Դ	Շ	Հ	Ա	Ո	Ն	Վ	Ք	Ա	Ս	Ի	Օ	E
Ս	Ւ	Մ	Ր	Ռ	Ւ	Կ	Ե	Ս	Վ	Տ	Մ	Բ	H
Ն	Ե	Հ	Ն	Ա	Գ	Յ	Ր	Պ	Ա	Ի	Ե	Ջ	Ե
Ո	Ճ	Ծ	Գ	Կ	Ա	Ո	Վ	Ո	Ս	Ճ	Տ	Տ	Ռ
Ր	Պ	Գ	Հ	Ո	Հ	Ւ	Ժ	Ն	Ա	Ա	Ր	Ր	Ա
Դ	K	Ո	H	Ւ	Ե	Ն	K	Ե	Ր	Ն	Ի	Ա	Ն
Ա	Պ	Ւ	Լ	Ս	Ռ	Ն	Չ	Ն	Ո	Ն	Ա	Մ	Կ
Կ	Ւ	Մ	Ո	Ի	Յ	Ե	Ժ	Տ	Ւ	Ե	Խ	Ա	Յ
Ա	Մ	Ա	Ս	Չ	Գ	Ր	Շ	Գ	Մ	Ր	P	Գ	Ո
Ն	Ժ	Ր	Ր	Ժ	Ձ	Ո	Ո	Լ	Ո	Ր	Տ	Ի	Ւ
Շ	Ր	Ջ	Ա	Պ	Ա	Տ	Ն	Ն	Ղ	Թ	Ղ	Ծ	Ն
Պ	Ր	Ի	Մ	Ե	Տ	Ր	Ծ	Ա	Վ	Ա	Լ	Ը	Ի
Թ	Վ	Ա	Բ	Ա	Ն	Ո	Ւ	Թ	Յ	Ո	Ւ	Ն	Բ

ԱՆԿՅՈՒՆՆԵՐ
ԹՎԱԲԱՆՈՒԹՅՈՒՆ
ՇՐՋԱՊԱՏ
ՏԱՍՆՈՐԴԱԿԱՆ
ՏՐԱՄԱԳԻԾ
ՀԱՎԱՍԱՐՈՒՄ
ԷՔՍՊՈՆԵՆՏ
ՄԱՍ
ԱՍՏԻՃԱՆՆԵՐ
ԹՎԵՐ
ՁՈՒԳԱՀԵՌ
ՊՐԻՄԵՏՐ
ՊՈԼԻԳՈՆ
ՔԱՌԱԿՈՒՍԻ
ՈԼՈՐՏ
ՍԻՄԵՏՐԻԱ
ԳՈՒՄԱՐ
ԵՌԱՆԿՅՈՒՆԻ
ԾԱՎԱԼԸ

61 - Vacanza #1

Ճ	Պ	Ն	Լ	K	Ի	Վ	Խ	Գ	Լ	Խ	Ո	Մ	Լ
Ա	Թ	Ո	K	Ս	Ն	Ջ	Վ	Ն	Ո	Ծ	Ջ	Ա	Ի
Մ	Տ	Օ	Շ	Ի	Ք	Ը	Օ	Ա	Ղ	Է	Ւ	Ք	Ճ
Պ	Ի	Զ	Կ	Փ	Ն	Թ	E	Լ	Ա	Ր	H	Ս	Ա
Ր	Թ	Ա	Ն	Գ	Ա	Ր	Ա	Ն	Լ	E	Ր	Ա	Ր
Ո	Թ	Ց	P	Յ	Թ	Տ	Ր	Ա	Մ	Վ	Ա	Յ	Շ
Ւ	Հ	Ո	Ց	Ճ	Ի	Ք	Թ	Հ	Տ	Ի	Է	Ի	Ա
Կ	Դ	Ո	Ւ	Փ	Ռ	Պ	Զ	Ս	Ո	Զ	Ջ	Ն	Վ
Ւ	Դ	Պ	Վ	Լ	Ե	Ր	Թ	Ո	Ւ	Ղ	Ի	K	Ա
Դ	Ի	Զ	Դ	Ա	Ա	Ը	Թ	Չ	Ր	Փ	Յ	P	Խ
P	Ս	Ռ	Ճ	Ն	Ն	Ց	Դ	Ջ	Ի	Տ	Շ	Չ	Մ
Մ	Ե	Ք	Ե	Ն	Ա	Ո	Ո	Ե	Ս	Ո	Ե	Ը	Բ
Ա	Ր	Ժ	Ո	Ւ	Յ	Թ	Ց	Ւ	Տ	Մ	Գ	Լ	Ի
Մ	Ե	Կ	Ն	Ո	Ւ	Մ	Խ	Մ	Մ	Ս	Օ	Խ	Ռ

ԻՆՔՆԱԹԻՌ
ԳՆԱԼ
ՄԵՔԵՆԱ
ՏՈՄՍ
ՄԱՔՍԱՅԻՆ
ԵՐԹՈՒՂԻ
ԼԻՃ
ԹԱՆԳԱՐԱՆ
ԼՈՂԱԼ
ՀՈՎԱՆՈՑ
ՄԵԿՆՈՒՄ
ԹՈՒԼԱՑՈՒՄ
ԱՐՇԱՎԱԽՄԲԻ
ՏՐԱՄՎԱՅ
ՏՈՒՐԻՍՏ
ՃԱՄՊՐՈՒԿ
ԱՐԺՈՒՅԹ

62 - Bagno

A	Փ	Ճ	Զ	Լ	Օ	Է	Ս	Ի	P	Ջ	Չ	Խ	Բ
Ց	Ն	Ց	Ո	Ւ	Ղ	Ծ	Հ	Պ	Ո	Ո	Ո	P	Ը
Ղ	Ք	Տ	Ւ	Ս	Ղ	Բ	Ա	Ղ	Ն	Ի	Ք	Ւ	Ս
Հ	K	Յ	Յ	Է	Խ	Գ	Յ	Ն	Զ	Վ	P	Ք	Ր
H	Դ	Ո	Գ	Ֆ	Ճ	Լ	Ե	Ջ	Ե	Տ	Է	Փ	Բ
Շ	Զ	Է	Շ	Մ	K	Մ	Լ	Ր	Ց	Լ	Ժ	Բ	Ի
Ա	Յ	Ց	Ւ	Կ	Ծ	Տ	Ի	Դ	P	Պ	Ի	Է	Չ
Մ	Մ	Ս	Դ	Ր	Ռ	Ճ	Լ	Օ	Ֆ	Փ	E	Ք	Կ
Պ	Ի	P	Ռ	Ա	Ա	Ծ	Ո	Ր	Ա	Կ	Ճ	Ղ	Ֆ
Ո	Չ	Ց	Կ	Տ	Ձ	Պ	Ս	Պ	Ո	Ւ	Ն	Գ	Ի
Ւ	H	Գ	Դ	Է	P	Օ	Յ	Խ	Ք	Թ	Ց	Ն	Ո
Ն	Ւ	Տ	Ո	Մ	Ր	Զ	Ո	Ւ	Գ	Ա	Ր	Ա	Ն
Ե	Ս	Թ	Ձ	Ր	Ր	Ս	Ն	Օ	Ճ	Ա	Ռ	Խ	Ռ
Ղ	Ձ	Խ	Չ	Ց	Գ	P	Մ	Ն	Մ	Փ	Ո	Ք	Ն

ՋՈՒՐ
ՍՐԲԻՉ
ԲԱՂՆԻՔ
ՑՆՑՈՒՂ
ՄԿՐԱՏ
ԶՈՒԳԱՐԱՆ
ԼՈՍՅՈՆ
ՕԾԱՆԵԼԻՔ
ԾՈՐԱԿ
ՕՃԱՌ
ՇԱՄՊՈՒՆ
ՀԱՅԵԼԻ
ՍՊՈՒՆԳ
ԳՈՐԳ
ԶՈՒՅԳ

63 - Meditazione

Խ	Բ	Թ	Բ	Կ	Ը	Ն	Դ	Ո	Ւ	Ն	Ո	Ւ	Մ
Պ	Ա	Վ	Մ	Ա	Ա	Ճ	Ա	Ր	Ժ	Ո	Ւ	Մ	Ի
Ա	Ի	Ղ	Տ	Ս	Ր	Ր	Ց	Ն	Դ	Ա	Ծ	Ղ	Տ
Ր	Ծ	K	Ա	Ճ	L	Ո	Ե	Զ	E	Պ	Ք	Ժ	Ք
Չ	Թ	Մ	Վ	Ղ	Ռ	Ջ	Ւ	Կ	Ն	Ճ	E	Պ	Ս
Ո	Հ	Տ	Ո	Ղ	Ո	O	Ն	Թ	Ց	Ֆ	Ա	Ե	Ո
Ւ	Ե	Ք	Ր	Ց	Ւ	Ւ	Ց	Ծ	Յ	Ա	Ճ	Ֆ	Վ
Թ	Ռ	Ե	Փ	Ժ	Թ	Ծ	Թ	Թ	Ց	Ո	Ն	Ս	Ո
Յ	Ա	Ր	Ի	P	Յ	Դ	Ե	Յ	Ը	Տ	Ւ	Ք	Ր
Ո	Ն	Ը	Բ	Ն	Ո	Ւ	Թ	Յ	Ո	Ւ	Ն	Ն	Ե
Ւ	Կ	Գ	Թ	Ֆ	Ւ	Ճ	Փ	Հ	Դ	Ւ	Է	Ք	L
Ն	Ա	Յ	Հ	Ա	Ն	Գ	Ի	Ս	Տ	K	Ն	P	O
Ե	Ր	Ջ	Ա	Ն	Կ	Ո	Ւ	Թ	Յ	Ո	Ւ	Ն	Ր
Ե	Ր	Ա	Ժ	Ճ	Տ	Ո	Ւ	Թ	Յ	Ո	Ւ	Ն	Ը

ԸՆԴՈՒՆՈՒՄ
ՀԱՆԳԻՍՏ
ՊԱՐԶՈՒԹՅՈՒՆ
ԿԱՐԵԿՑԱՆՔ
ԵՐՋԱՆԿՈՒԹՅՈՒՆ
ԲԱՐՈՒԹՅՈՒՆ
ՄՏԱՎՈՐ
ՄԻՏՔ
ՇԱՐԺՈՒՄ
ԵՐԱԺՇՏՈՒԹՅՈՒՆ
ԲՆՈՒԹՅՈՒՆ
ԽԱՂԱՂՈՒԹՅՈՒՆ
ՄՏՔԵՐԸ
ՍՈՎՈՐԵԼ
ՀԵՌԱՆԿԱՐ
ԼՌՈՒԹՅՈՒՆ
ՑՆԴԱԾ

64 - Estate

Ե	Ը	Ս	Ա	Ն	Դ	Ա	Լ	Ն	Ե	Ր	Ա	Ձ	Ւ
Ր	Ն	Ճ	Ի	Յ	Ծ	Թ	Ո	Ք	Փ	Թ	Ս	Է	Ձ
Ա	Կ	Ա	Ո	Ե	Գ	Չ	Ղ	Թ	Ծ	Ո	Տ	Ը	Ը
Ժ	Ե	Ն	Ւ	Փ	Փ	Ի	Ա	Ո	Ծ	K	Ղ	Ն	Ա
Շ	Ր	Ա	Ր	Ղ	Ծ	Լ	Փ	Ւ	Ո	A	Ե	Տ	Ր
Տ	Ն	Պ	Ա	Ր	Շ	Ա	Վ	Լ	Վ	Մ	Ր	Ա	Ձ
Ո	Ե	Ա	Խ	Ձ	H	Ք	Չ	Ա	Ո	Ռ	Պ	Ն	Ա
Ւ	Ր	Ր	Ո	Յ	O	Հ	Ե	Ց	Յ	Ղ	Տ	Ի	Կ
Թ	Տ	Հ	Ւ	Ս	Ո	Ա	A	Ո	E	Խ	Ա	Ք	Ո
Յ	Խ	Ո	Թ	Ե	Ն	Տ	Ո	Ւ	Ն	K	Ն	Լ	Ւ
Ո	Ա	Ր	Յ	E	Տ	Ո	E	Մ	Ֆ	Ռ	Ջ	Պ	Ր
Ւ	Ղ	Դ	Ո	Ջ	Պ	P	Ւ	Ա	Ժ	Ջ	Փ	Ե	Դ
Ն	Ե	Ե	Ւ	Լ	Ո	Թ	Ֆ	Ն	Գ	Ր	Ք	Ե	Ր
Դ	Ր	Լ	Ն	Ճ	Է	Ձ	K	Ճ	Դ	Ն	Ժ	Ց	E

ԸՆԿԵՐՆԵՐ
ԱՐՇԱՎ
ՏՈՒՆ
ՍՆՈՒՆԴ
ԸՆՏԱՆԻՔ
ԱՅԳԻ
ԽԱՂԵՐ
ՈՒՐԱԽՈՒԹՅՈՒՆ
ԳՐՔԵՐ

ԾՈՎ
ԵՐԱԺՇՏՈՒԹՅՈՒՆ
ԼՈՂԱԼ
ԹՈՒԼԱՑՈՒՄ
ՍԱՆԴԱԼՆԵՐ
ԼՈՂԱՓ
ԱՍՏՂԵՐ
ԱՐՁԱԿՈՒՐԴ
ՃԱՆԱՊԱՐՀՈՐԴԵԼ

65 - Escursionismo

Ռ	Կ	Կ	Ո	Ղ	Մ	Ն	Ո	Ր	Ո	Շ	Ո	Ւ	Մ
Ջ	Չ	Լ	Ֆ	Կ	Ո	Խ	Բ	Վ	Ա	Ժ	Կ	Ղ	A
Կ	Յ	Ի	Տ	Ե	Ւ	Վ	Ն	Տ	K	Ր	Ժ	Շ	Վ
Բ	Վ	Մ	H	Ն	Ղ	A	Ո	Ա	Ո	Ձ	Շ	Թ	Խ
Ց	Ռ	Ա	Ծ	Դ	Ե	Ա	Ւ	Ն	Լ	P	Ժ	Ա	Ն
Ջ	Ո	Ւ	Ր	Ա	Ց	Ր	Թ	Գ	Օ	Ե	Լ	Յ	Վ
Կ	Մ	Օ	Յ	Ն	Ո	Ե	Յ	Ն	K	Վ	Ռ	Գ	Ա
Ո	Ո	Ը	Ք	Ի	Ւ	Ւ	Ո	Ե	Ւ	Յ	Խ	Ի	Յ
Շ	Ծ	Ք	Ժ	Ն	Յ	Ե	Ւ	Ր	Ր	Ծ	Ա	Ն	Ր
Ի	Ա	Ղ	Ա	Ե	Ց	Շ	Ն	Ց	Ց	K	Ց	Ե	Ի
Կ	Կ	Ո	Յ	Ր	Ն	Ք	Ա	Ր	Տ	Ե	Զ	Ր	K
Ն	Ն	Ւ	Ռ	Կ	Ե	Ջ	Շ	Ի	Պ	Շ	Ժ	Ւ	Յ
Ե	Ե	Լ	Ի	Ծ	Ր	Ր	Ե	Ի	Օ	Պ	Ռ	A	E
Ր	Ր	Զ	Հ	Ո	Գ	Ն	Ա	Ծ	Ո	Ե	Զ	Ձ	K

ՋՈՒՐ
ԿԵՆԴԱՆԻՆԵՐ
ԱՐՇԱՎ
ԿԼԻՄԱ
ՈՒՂԵՑՈՒՅՑՆԵՐ
ՔԱՐՏԵԶ
ԼԵՌ
ԲՆՈՒԹՅՈՒՆ
ԿՈՂՄՆՈՐՈՇՈՒՄ
ԱՅԳԻՆԵՐ
ՎՏԱՆԳՆԵՐ
ԾԱՆՐ
ՔԱՐԵՐ
ԺԱՅՌԻ
ՎԱՅՐԻ
ԱՐԵՒ
ՀՈԳՆԱԾ
ԿՈՇԻԿՆԵՐ
ՄՈԾԱԿՆԵՐ

66 - Professioni #1

Ե	Դ	Դ	Ա	Ա	Ւ	Ա	A	L	O	Տ	Ո	Ե	Ֆ
Ր	Գ	Խ	Ե	Ս	Ռ	Ի	Ի	Է	Ո	Բ	Ս	Պ	Պ
Ա	Ց	Մ	Փ	Ս	Տ	Գ	Ի	Տ	Ն	Ա	Կ	Ա	Ն
Ժ	Ճ	Բ	Ա	Դ	Պ	Ղ	Ց	Ն	Ք	Ն	Ե	Ր	Կ
Ի	Ր	Ա	Ս	Ր	Պ	Ա	Ա	Ժ	P	Կ	Ր	Ո	Ա
Շ	Ա	Գ	Տ	Հ	Զ	Ք	Ն	Գ	Ք	Ե	Ի	Ւ	Ր
Տ	Ո	Ի	Ա	Չ	Զ	Ի	P	Ր	Ե	Ր	Չ	Հ	Ի
A	Ր	Ր	Բ	Ռ	Ճ	P	Չ	Զ	Է	Տ	Գ	Ի	Չ
P	Ս	A	Ա	Բ	Ո	Ւ	Ժ	Ք	Ո	Ւ	Յ	Ր	Չ
Չ	Ո	O	Ն	H	Ք	Ա	Ր	Տ	Ո	Գ	Ր	Ա	Ֆ
Ջ	Ր	Մ	Ո	Ւ	Ղ	Ա	Գ	Ո	Ր	Ծ	Կ	Ջ	Ւ
Պ	Դ	Ե	Ղ	Ա	Գ	Ո	Ր	Ծ	Ո	Ւ	Շ	Ձ	Դ
Ո	Է	Ծ	Դ	Հ	Ո	Գ	Ե	Բ	Ա	Ն	Ք	Ո	Ղ
Ե	Ր	Կ	Ր	Ա	Բ	Ա	Ն	Ծ	Տ	P	Ս	Կ	Փ

ՄԱՐԶԻՉ
ԴԵՍՊԱՆ
ՆԿԱՐԻՉ
ԱՍՏՂԱԳԵՏ
ՓԱՍՏԱԲԱՆ
ՊԱՐՈՒՀԻ
ԲԱՆԿԵՐ
ՈՐՍՈՐԴ
ՔԱՐՏՈԳՐԱՖ
ԽՄԲԱԳԻՐ
ԴԵՂԱԳՈՐԾ
ԵՐԿՐԱԲԱՆ
ՈՍԿԵՐԻՉ
ՋՐՄՈՒՂԱԳՈՐԾ
ԲՈՒԺՔՈՒՅՐ
ԵՐԱԺԻՇՏ
ՀՈԳԵԲԱՆ
ԳԻՏՆԱԿԱՆ

67 - Antartide

Ա	Ց	Ա	Ր	Շ	Ա	Վ	Ա	Խ	Մ	Բ	Ի	Հ	Յ
Տ	Շ	Մ	Ի	Գ	Ր	Ա	Ց	Ի	Ա	Յ	Ի	K	Ղ
Ե	K	Խ	Բ	Ջ	Պ	Ա	Հ	Պ	Ա	Ն	Ո	Ւ	Մ
Ղ	Ս	Ն	Ա	Ե	Ճ	A	Ջ	Տ	Ց	O	Ճ	O	Կ
Ա	Վ	Թ	Ե	Ր	Ա	Կ	Ղ	Չ	Ի	Տ	Ք	K	Ե
Գ	Բ	Ա	Յ	Մ	Հ	Ա	Ն	Ք	Ա	Յ	Ի	Ն	Տ
Ր	Գ	Ի	Տ	Ա	Կ	Ա	Ն	Ք	L	Ս	Ե	Ա	Ե
Ո	Կ	Ր	Ե	Ս	Յ	Ս	Մ	Ժ	Ծ	Ա	Թ	Մ	Ր
Ւ	Ղ	A	Ս	Տ	Մ	P	Ժ	Ա	Ջ	Ռ	Ժ	Պ	Ջ
Թ	Չ	Ծ	Ա	Ի	Բ	Ե	Ո	Յ	Ս	Ո	Ը	Ե	E
Յ	Ի	Ա	Կ	Ճ	H	Ջ	Ջ	Ռ	Ը	Ւ	Ւ	Ր	P
Ո	Ն	A	Ն	Ա	Է	P	Բ	Ո	Ճ	Յ	Ռ	Ր	Կ
Ւ	Ե	Գ	Ե	Ն	Գ	Ժ	Ր	Տ	Ժ	Ց	Կ	Ը	Ճ
Ն	Ր	Ա	Ր	Ը	Հ	Ե	Տ	Ա	Չ	Ո	Տ	Ո	Ղ

ՋՈՒՐ
ԲԱՑ
ԿԵՏԵՐ
ՊԱՀՊԱՆՈՒՄ
ԱՇԽԱՐՀԱՄԱՍ
ՍԱՌՈՒՅՑ
ԿՂՋԻՆԵՐ
ՄԻԳՐԱՑԻԱՅԻ
ՀԱՆՔԱՅԻՆ

ԱՄՊԵՐ
ԹԵՐԱԿՂԶԻ
ՀԵՏԱԶՈՏՈՂ
ԺԱՅՌՈՏ
ԳԻՏԱԿԱՆ
ՏԵՍԱԿՆԵՐ
ԱՐՇԱՎԱԽՄԲԻ
ՋԵՐՄԱՍՏԻՃԱՆԸ
ՏԵՂԱԳՐՈՒԹՅՈՒՆ

68 - Libri

Ա	Ր	Կ	Ա	Ծ	Բ	Է	Ր	A	Ե	Վ	Ե	Պ	Պ
Ր	Ն	Վ	Ր	Ս	Գ	Ն	Ջ	Թ	Ի	Ֆ	Գ	Ա	Ո
Յ	Օ	Ւ	Հ	Ք	Թ	Ի	Ո	P	Ծ	Վ	Ր	Տ	Ե
Հ	Ա	Վ	Ա	Ք	Ա	Ծ	Ո	Ւ	Ց	Օ	Ա	Մ	Չ
Ե	Ը	Ֆ	Մ	Ա	Օ	Լ	Ծ	Ռ	Յ	Ֆ	Կ	Ա	Ի
Ղ	Ն	Կ	Ա	Գ	Ր	Վ	Ա	Ծ	Զ	Թ	Ա	Կ	Ա
Ի	Կ	A	Պ	Ա	Տ	Մ	Ո	Ղ	Մ	Պ	Ն	Ա	Ծ
Ն	Ղ	Պ	Ա	Տ	Մ	Ո	Ւ	Թ	Յ	Ո	Ւ	Ն	Ֆ
Ա	Մ	H	Տ	Ս	Պ	Է	Ժ	Ժ	Ծ	Պ	Ր	Մ	Լ
Կ	Ո	Թ	Ա	Վ	Ե	Ը	Ն	Թ	Ե	Ր	Ց	Ո	Ղ
Ք	Ւ	Ճ	Ս	A	Կ	Ր	Փ	Վ	Ս	Ր	Տ	Օ	Կ
Ֆ	Մ	E	Խ	Բ	Վ	Փ	Ի	Փ	Ջ	Փ	Պ	Ո	K
Ճ	K	Թ	Ա	Վ	Հ	Ա	Մ	Ա	Տ	Ե	Ք	Ս	Տ
Պ	Չ	Հ	Ն	Ա	Ր	Ա	Մ	Ի	Տ	Պ	Բ	A	Կ

ՀԵՂԻՆԱԿ
ԱՐԿԱԾ
ԲՆՈՒՅԹ
ՀԱՎԱՔԱԾՈՒ
ՀԱՄԱՏԵՔՍՏ
ԸՆԿՂՄՈՒՄ
ՀՆԱՐԱՄԻՏ
ԳՐԱԿԱՆ
ԸՆԹԵՐՑՈՂ
ՊԱՏՄՈՂ
ԷՋ
ՊՈԵԶԻԱ
ՀԱՄԱՊԱՏԱՍԽԱՆ
ՎԵՊ
ԳՐՎԱԾ
ՍԵՐԻԱ
ՊԱՏՄՈՒԹՅՈՒՆ
ՊԱՏՄԱԿԱՆ

69 - Geografia

Ձ	Ջ	Ծ	Լ	Ձ	Կ	Տ	Ժ	Լ	Ե	Ռ	Ջ	Ն	Խ
Վ	Տ	Ս	Ո	Բ	Ղ	Ա	Ի	Ա	Շ	Խ	Ա	Ր	Հ
Հ	Ո	Պ	Ռ	Վ	Զ	Ր	K	Յ	Ա	Ե	Տ	Ք	Յ
Մ	Ե	Ր	Ի	Դ	Ի	Ա	Ն	Ն	Շ	Ր	Լ	Ա	Ո
Ք	Ա	Ր	Տ	Ե	Զ	Ծ	Տ	Ո	Խ	Կ	Ա	Ղ	Ւ
Վ	Ա	Ծ	Ւ	Ռ	P	Ա	Ա	Ւ	Ա	Ի	Ս	Ա	Ս
Ն	Գ	Փ	Տ	Յ	Ը	Շ	Ր	Թ	Ր	Ր	Ո	Ք	Ի
Ւ	E	Փ	Ձ	Ս	Ը	Ր	Ա	Յ	Հ	Է	Ս	Հ	Ս
Ւ	Գ	Զ	Դ	Պ	P	Ջ	Ծ	Ո	Ա	P	Ք	Ե	E
A	Ղ	Լ	Ղ	K	Ի	Ա	Ք	Ւ	Մ	Գ	Ւ	Չ	Ի
Ժ	H	Ֆ	Կ	Ֆ	Ս	Ն	Վ	Ն	Ա	Ե	Բ	Խ	K
Ց	A	H	Հ	Ա	Ր	Ա	Վ	Ը	Ս	Տ	K	Ւ	Ծ
Հ	Ն	Ը	Ե	Ո	Ա	Ր	Ե	Ւ	Մ	Ո	Ւ	Տ	Ք
Կ	Ի	Ս	Ա	Գ	Ո	Ւ	Ն	Դ	Ա	Վ	Ա	Ճ	Լ

ԱՏԼԱՍ
ՔԱՂԱՔ
ԱՇԽԱՐՀԱՄԱՍ
ԿԻՍԱԳՈՒՆԴ
ԳԵՏ
ԿՂԶԻ
ԼԱՅՆՈՒԹՅՈՒՆ
ՔԱՐՏԵԶ
ԾՈՎ
ՄԵՐԻԴԻԱՆ
ԱՇԽԱՐՀ
ԼԵՌ
ՀՅՈՒՍԻՍ
ԱՐԵՒՄՈՒՏՔ
ԵՐԿԻՐ
ՏԱՐԱԾԱՇՐՋԱՆ
ՀԱՐԱՎ
ՏԱՐԱԾՔ

70 - Cibo #1

Է	Ժ	E	A	Ն	Կ	Ի	S	Ր	Ո	Ն	Խ	Շ	Ճ
S	Ճ	Ը	Դ	Դ	Գ	Ա	Ջ	Ա	Ր	A	Դ	Ա	L
Ա	Ը	Ե	Կ	L	Ա	Ն	Թ	Ո	Ւ	Ն	Ա	Ղ	Փ
Ն	S	Ս	Ւ	Փ	Ր	Ա	Շ	Հ	Զ	Ն	Ր	Գ	Ր
Զ	P	Մ	Ո	Ւ	Ի	Ն	Մ	Յ	Յ	Ռ	Չ	Ա	Ս
Ե	L	Ա	Կ	Խ	Պ	Ո	A	Ո	P	Ժ	Ի	Մ	Խ
Ս	Պ	Ա	Ն	Ա	Խ	Ւ	Ղ	Ւ	Զ	Ջ	Ն	Թ	S
Ռ	Ե	Հ	Ա	Ն	Թ	Խ	S	Թ	Ա	Մ	Մ	Ճ	Ո
Պ	Ն	Ե	Վ	S	Հ	Ճ	Ո	Շ	Ղ	Ւ	Դ	Ռ	Ր
Չ	Ը	Ա	Հ	Փ	Փ	Թ	Ր	Թ	Ղ	Կ	Ի	Մ	O
Ն	Գ	Չ	Ղ	Բ	Ց	Ժ	Թ	Է	Ռ	Ա	Է	Ի	Դ
Ճ	Ո	E	K	Ց	Շ	Ա	Ք	Ա	Ր	Բ	K	Ս	Ջ
Բ	H	Չ	Փ	Յ	Ա	Ս	Մ	Ն	Չ	K	E	Գ	Ձ
Գ	Կ	Դ	E	Ե	Բ	Ն	Ֆ	Բ	Ձ	Խ	S	Ի	A

ՍԽՏՈՐ
ՌԵՀԱՆ
ԴԱՐՉԻՆ
ՄԻՍ
ԳԱԶԱՐ
ՍՈԽ
ԵԼԱԿ
ԱՂՑԱՆ
ԿԱԹ
ԿԻՏՐՈՆ
ԱՆԱՆՈՒԽ
ԳԱՐԻ
ՏԱՆՁ
ՇԱՂԳԱՄ
ԱՂ
ՍՊԱՆԱԽ
ՀՅՈՒԹ
ԹՈՒՆԱ
ՏՈՐԹ
ՇԱՔԱՐ

71 - Aeroplani

Վ	Կ	Թ	Ձ	Է	Ա	Օ	Տ	Դ	Ե	Ո	Ճ	E	Բ
Փ	Ա	K	Շ	Լ	Հ	Դ	Ծ	Ն	Ր	Ֆ	Ռ	Տ	Ա
Չ	Ո	Ռ	Յ	Փ	E	Ա	Ա	Դ	Կ	Թ	Ճ	Պ	Ր
Ե	Ս	Ւ	Ե	K	Յ	Չ	Գ	Վ	Ի	Ո	Ք	Ա	Ձ
Լ	Ց	Ջ	Չ	Լ	Ժ	Ո	Ո	Չ	Ն	Ւ	Ւ	Տ	Ր
Ի	Մ	Ձ	Ր	Ի	Ի	Ւ	Ւ	Շ	Ք	Ղ	Մ	Մ	Ո
Շ	Թ	Կ	Շ	Ղ	Կ	Ք	Մ	Հ	Ց	Ղ	Օ	Ո	Ւ
Ա	Ն	Ձ	Ն	Ա	Կ	Ա	Զ	Մ	Օ	Ո	Լ	Ւ	Թ
Ր	Ո	Ա	Ն	Ց	Ո	Ր	Դ	Ա	Դ	Ւ	Ի	Թ	Յ
Ժ	Լ	Օ	Ո	Ֆ	Օ	Մ	Ջ	Յ	Ռ	Թ	Չ	Յ	Ո
Ի	Ո	Վ	Բ	Ջ	Դ	Դ	Ի	Զ	Ա	Յ	Ն	Ո	Ւ
Չ	Ր	Ա	Ր	Կ	Ա	Ծ	Չ	P	A	Ո	Ս	Ւ	Ն
Ջ	Տ	Ե	Կ	A	Ւ	Կ	Խ	Տ	Ւ	Ւ	P	Ն	Ը
Հ	Ք	A	Ի	Ր	Ջ	Ր	Ա	Ծ	Ի	Ն	Թ	Լ	Հ

ԲԱՐՁՐՈՒԹՅՈՒՆԸ
ՕԴ
ՄԹՆՈԼՈՐՏ
ՏՆԿՈՒՄ
ԱՐԿԱԾ
ՎԱՌԵԼԻՔ
ԵՐԿԻՆՔ
ԴԻԶԱՅՆ
ՈՒՂՂՈՒԹՅՈՒՆ
ԾԱԳՈՒՄ
ԱՆՁՆԱԿԱԶՄ
ՓՉԵԼ
ՋՐԱՃԻՆ
ՇԱՐԺԻՉ
ՓՈՒՉԻԿ
ԱՆՑՈՐԴ
ՕԴԱՉՈՒ
ՊԱՏՄՈՒԹՅՈՒՆ

72 - Pirati

Թ	Ս	Վ	Ա	Տ	Ը	P	Տ	Ր	Գ	Է	Պ	Ղ	Ո
Լ	Ո	Ղ	Ա	Փ	Գ	Ա	Ն	Ձ	A	Ջ	Ֆ	Ս	Ն
Կ	Ւ	Ւ	Ո	A	Չ	O	Ե	Ժ	Ի	Հ	Ծ	Ա	Ց
Ղ	Ր	Ե	Թ	Ք	Ա	Ր	Ա	Ն	Ձ	Ա	Վ	Չ	Տ
Զ	Մ	Ե	Տ	Ա	Ղ	Ա	Դ	Ր	Ա	Մ	Ն	Ե	Ր
Ի	Տ	Ջ	Շ	Ր	Կ	Ն	Կ	Ա	Ր	Կ	Ա	Ծ	Խ
Է	Ո	Ծ	Ի	Տ	Կ	Ձ	Ա	P	Ռ	Է	Մ	Ժ	Ա
Ս	Ֆ	Ճ	Կ	Ե	Ա	Ն	Պ	Բ	Ո	E	Ո	Ց	Ր
Ծ	Ա	Ա	Ք	Զ	Վ	Ա	Ի	Կ	Ւ	Ս	Ե	K	Ի
Վ	Տ	Ա	Ն	Գ	Յ	Կ	Տ	Դ	Մ	Պ	Կ	Ս	Ս
Լ	Ե	Գ	Ե	Ն	Դ	Ա	Ա	Փ	Ր	Ի	Յ	Ի	Խ
Ո	Ւ	Ա	Ց	Գ	Բ	Զ	Ն	Մ	Ջ	Ո	Ֆ	P	Ջ
Լ	Մ	Ձ	Չ	Զ	Ջ	Մ	E	P	Թ	Դ	Շ	Զ	Ի
Կ	Ո	Ղ	Մ	Ն	Ա	Ց	Ո	Ւ	Յ	Ց	Չ	Ո	Ե

ԽԱՐԻՍԽ
ԱՐԿԱԾ
ԴՐՈՇ
ԿՈՂՄՆԱՑՈՒՅՑ
ԿԱՊԻՏԱՆ
ՎԱՏ
ՍՊԻ
ԱՆՁՆԱԿԱԶՄ
ՔԱՐԱՆՁԱՎ
ԿՂԶԻ
ԼԵԳԵՆԴ
ՔԱՐՏԵԶ
ՄԵՏԱՂԱԴՐԱՄՆԵՐ
ՈՍԿԻ
ԹՈՒԹԱԿ
ՎՏԱՆԳ
ՌՈՒՄ
ՍՈՒՐ
ԼՈՂԱՓ
ԳԱՆՁ

73 - Spiaggia

Կ	Ա	Պ	Ո	Ւ	Յ	Տ	Ա	Ե	Ս	Ա	Հ	Ր	Ջ
Փ	Ջ	Ս	Վ	Օ	Ա	Ր	Ե	Ւ	Ա	Փ	Ո	Ս	Շ
Ն	Խ	Ո	Յ	Ղ	Գ	Ղ	Ք	Ա	Յ	Ա	Վ	Ա	Զ
Ժ	Ֆ	Է	A	Ը	Ղ	Ծ	Կ	Ձ	Լ	Ծ	Ա	Ն	Ա
Դ	Տ	Ր	Փ	Կ	Լ	Ն	Մ	Ճ	Բ	Ո	Ն	Դ	Ր
P	E	Ր	Պ	Ն	Կ	Ա	Օ	Ծ	Ո	Վ	Ո	Ա	Ձ
Օ	K	Ռ	Չ	Լ	Ն	Ղ	Ս	Խ	Ա	Ա	Ց	Լ	Ա
A	Վ	Ձ	P	Ե	Ձ	Շ	Զ	Լ	Տ	Ծ	Ռ	Ն	Կ
Մ	Է	Կ	Ն	Ա	Վ	Ա	Կ	Ի	Ղ	Ո	Ե	Ե	Ո
H	Ռ	Լ	Ի	Պ	Թ	Շ	Յ	Ղ	Ծ	Ց	Լ	Ր	Ւ
Թ	Ծ	Ո	Վ	Ա	Խ	Ե	Ց	Գ	Ե	Տ	Ի	Ն	Ր
Ս	Ը	Ղ	Ք	Ե	Ն	Ս	Ճ	Լ	Ր	Ք	Ե	Է	Դ
Ղ	Զ	Ա	Մ	Յ	H	Ո	Ն	Տ	Մ	Ս	Ֆ	Բ	Ծ
Ծ	Ց	Լ	Ա	Լ	Ղ	Տ	Ս	Ր	Բ	Ի	Չ	Ջ	Բ

ՍՐԲԻՉ
ՆԱՎԱԿ
ՍԱՅԼԲՈԱՏ
ԿԱՊՈՒՅՏ
ԱՓ
ԾՈՎԱԽԵՑԳԵՏԻՆ
ԿՂԶԻ
ԾՈՎԱՃՈՑ
ԾՈՎ
ԼՈՂԱԼ
ՕՎԿԻԱՆՈՍ
ՀՈՎԱՆՈՑ
ԱՎԱԶ
ՍԱՆԴԱԼՆԵՐ
ՌԵԼԻԵՖ
ԱՐԵՒ
ԱՐՁԱԿՈՒՐԴ

74 - Forme

Խ	Ո	Ր	Ա	Ն	Ա	Ր	Դ	Ք	A	Կ	Ա	Զ	Տ
Ա	Ւ	Խ	Օ	Ղ	Պ	Զ	Ք	Ա	Բ	Ո	Ւ	Ր	Գ
Ն	Ղ	H	Վ	Բ	Ե	Ի	Ճ	Ռ	Դ	Ր	Ւ	Լ	Լ
Կ	Ղ	Ւ	Ա	Թ	Հ	Ղ	Բ	Ա	Ի	Պ	Ւ	Մ	Ա
Յ	Ա	Ր	Լ	E	Ի	Ղ	Ձ	Կ	Ե	Ո	Ս	Մ	Ն
Ո	Ն	Ե	Հ	Ե	Պ	Ը	Չ	Ո	Զ	Լ	Շ	E	Զ
Ւ	Կ	Ո	Ղ	Մ	Ե	Ց	Ե	Ւ	Ր	Ի	Ց	Ը	Ջ
Ն	Յ	K	Տ	Ֆ	Ր	A	Լ	Ս	Ե	Գ	Ճ	A	K
Ւ	Ո	Հ	Պ	Ց	Բ	Խ	Թ	Ի	Ր	Ո	Կ	Ф	Ս
Ւ	Ւ	Հ	Ր	Ф	Ո	Շ	Շ	H	Կ	Ն	Ծ	Ո	Ւ
Ճ	Ն	Կ	Ի	Ջ	Լ	Ե	Ո	Լ	Ո	Ր	Տ	Ֆ	Ն
Գ	Ի	Ծ	Զ	Ս	Ա	Է	Լ	Ի	Պ	Ս	Դ	Ի	Տ
Պ	Ց	Ф	Մ	Ձ	Ռ	Չ	Ե	Հ	Դ	Լ	Վ	P	Խ
K	Ե	Ռ	Ա	Ն	Կ	Յ	Ո	Ւ	Ն	Ի	P	Ց	Ա

ԱՆԿՅՈՒՆ
ԱՂԵՂ
ԵԶՐԵՐ
ՑԼԻԿ
ԳԼԱՆ
ԿՈՆ
ԽՈՐԱՆԱՐԴ
ԿՈՐ
ԷԼԻՊՍ
ՀԻՊԵՐԲՈԼԱ
ԿՈՂՄ
ԳԻԾ
ՕՎԱԼ
ԲՈՒՐԳ
ՊՈԼԻԳՈՆ
ՊՐԻԶՄԱ
ՔԱՌԱԿՈՒՍԻ
ՈՒՂՂԱՆԿՅՈՒՆԻ
ՈԼՈՐՏ
ԵՌԱՆԿՅՈՒՆԻ

75 - Oceano

Ս	Պ	Ո	Ւ	Ն	Գ	Փ	Ա	E	Լ	Դ	Ն	Թ	Ծ
E	Դ	Ձ	Լ	Ծ	Ձ	Մ	Ո	Ժ	Ծ	Ք	Ա	Ո	Ո
Ռ	Ե	Լ	Ի	Ե	Ֆ	Ե	Թ	Թ	Յ	Ժ	Վ	Ւ	Վ
Ջ	Լ	Ա	Ո	Վ	Ռ	Դ	Ղ	Ձ	Ո	Կ	Ա	Ն	Ա
Ր	Ֆ	Ձ	Ւ	Ձ	A	Ո	Ք	P	Օ	Ր	Կ	Ա	Խ
Ի	Ի	H	Թ	Է	Փ	Ւ	Ո	Տ	Ւ	Ի	Ի	Շ	Ե
Մ	Ն	Օ	Ո	Չ	Գ	Զ	Ջ	Մ	Ճ	Ա	Ն	Կ	Ց
Ո	Ճ	Ձ	Տ	Զ	Տ	Ա	Շ	Ն	Ա	Ձ	Գ	Ո	Գ
Ւ	Օ	Ա	Ն	Թ	Ք	Ի	Ձ	Շ	Շ	Տ	Ե	Ր	Ե
Ռ	Ջ	Ձ	Ո	Ւ	Կ	Լ	Դ	Ֆ	Խ	Ք	Զ	Ա	Տ
Ն	Ր	Ո	Ւ	A	Չ	Ն	Ը	Ե	Ա	Զ	Յ	Լ	Ի
Ե	Տ	Ւ	Կ	Կ	Ո	Ս	Ր	Ե	Ս	Ղ	Պ	P	Ն
Ր	Ս	Կ	Դ	Ե	Թ	Գ	Ա	Լ	Ի	Ք	Ն	Ե	Ր
A	Ց	Չ	Փ	Տ	Բ	Պ	Չ	Ֆ	Գ	Ը	Չ	Բ	Ս

ՋՐԻՄՈՒՌՆԵՐ
ՕՁԱՁՈՒԿ
ԿԵՏ
ՆԱՎԱԿ
ԿՈՐԱԼ
ԴԵԼՖԻՆ
ԾՈՎԱԽԵՑԳԵՏԻՆ
ՏԻԴԵՍ
ՄԵԴՈՒԶԱ
ԱԼԻՔՆԵՐ
ՈՍՐԵ
ՁՈՒԿ
ՈՒԹՈՏՆՈՒԿ
ԱՂ
ՌԵԼԻԵՖ
ՍՊՈՒՆԳ
ՇՆԱՁ
ԿՐԻԱ
ՓՈԹՈՐԻԿ
ԹՈՒՆԱ

76 - Famiglia

Ա	Ե	Ն	Դ	Ր	Ս	Ւ	Ջ	Պ	Ա	Չ	Ե	H	Մ
Ո	Ղ	Ր	Ա	Ո	Ջ	L	Ծ	Ա	Մ	Ա	K	Ե	Ա
Ւ	Բ	Ր	Կ	Խ	Ւ	Ջ	Վ	Պ	Ո	Ր	Ւ	Ղ	Ն
Ն	Ա	Բ	Ի	Վ	Ա	Ս	Ր	Ի	Ւ	Մ	Ղ	Բ	Կ
Տ	Յ	Ք	Ն	Ս	Ո	Հ	Տ	Կ	Ս	Ի	Ե	Ո	Ո
Օ	Ր	Ո	Ը	Ճ	Չ	Ր	Ա	Ր	Ի	Կ	Ր	Ր	Ւ
Ւ	Հ	Ւ	Տ	Ծ	Խ	Ն	Յ	Յ	Ն	Ղ	Ե	Ո	Թ
Մ	Ա	Յ	Ր	Ա	Կ	Ա	Ն	Ա	Ր	Ւ	Խ	Ր	Յ
Ի	Յ	Ր	Զ	Մ	Տ	Ա	Տ	Ի	Կ	Ռ	Ա	Դ	Ո
Ե	Ր	Ե	Խ	Ա	Ն	Ե	Ր	E	Ն	Ն	P	Ի	Ւ
Հ	Ա	Յ	Ր	Ա	Կ	Ա	Ն	Թ	H	L	Ե	Ն	Ն
Հ	Ո	Ր	Ե	Ղ	Բ	Ա	Յ	Ր	Ո	Չ	Թ	Ր	E
Ա	Յ	Մ	Ա	Յ	Ր	Ց	Ջ	Ռ	Ղ	Ք	Շ	Ռ	Է
Յ	Է	Մ	P	P	Գ	Մ	Գ	Զ	Ռ	Ա	Ք	Դ	Հ

ՆԱԽԱՀԱՅՐ
ԵՐԵԽԱՆԵՐ
ԵՐԵԽԱ
ԶԱՐՄԻԿ
ԴՈՒՍՏՐ
ԵՂԲԱՅՐ
ԵՐԿՎՈՐՅԱԿՆԵՐ
ՄԱՆԿՈՒԹՅՈՒՆ
ՄԱՅՐ
ԱՄՈՒՍԻՆ
ՄԱՅՐԱԿԱՆ
ԿԻՆԸ
ԵՂԲՈՐՈՐԴԻՆ
ՏԱՏԻԿ
ՊԱՊԻԿ
ՀԱՅՐ
ՀԱՅՐԱԿԱՆ
ՔՈՒՅՐ
ԱՈՒՆՏ
ՀՈՐԵՂԲԱՅՐ

77 - Veicoli

Խ	Ծ	Ե	Չ	Ւ	Դ	Է	Է	Հ	Գ	Պ	E	E	Ռ
Շ	Տ	Զ	Մ	Ո	Ւ	Ղ	Ղ	Ա	Թ	Ի	Ռ	O	Բ
Ք	Ա	Ր	Ա	Վ	Ա	Ն	Ա	Վ	Ա	Կ	Մ	E	Ե
Յ	Ք	Ր	Բ	Յ	O	K	Ա	Տ	Ի	Ր	Ե	Ս	Ռ
Ե	Ս	Ա	Ժ	Է	Ց	Ք	Ւ	Ո	Կ	Պ	Ք	Տ	Ն
Վ	Ի	Ծ	Ե	Ի	Ր	Ռ	Յ	Բ	Վ	Ս	Ե	Ր	Ա
Զ	Մ	Վ	Դ	Մ	Չ	Թ	Խ	Ո	Ճ	Խ	Ն	Ա	Տ
Ւ	Հ	Ե	Ծ	Ա	Ն	Ի	Վ	Ւ	Պ	H	Ա	Կ	Ա
Լ	Ա	Ս	Տ	Ա	Ն	Ա	Վ	Ս	Շ	Ճ	Ի	Տ	Ր
K	Ք	Յ	Հ	Ր	Թ	Ի	Ռ	Ա	Գ	H	Պ	Ո	Φ
Է	Ն	Ե	Շ	Ս	Ո	Ւ	Զ	Ա	Ն	Ա	Վ	Ր	Ֆ
Ս	Կ	Ո	Ւ	Տ	Ե	Ր	E	Ռ	Ա	A	Լ	Ռ	Չ
Ի	Ն	Ք	Ն	Ա	Թ	Ի	Ռ	Ց	Ց	Ռ	Ձ	A	H
Վ	Դ	Ր	Ց	Ճ	Մ	Լ	Յ	Ե	Ք	Ո	Ժ	A	Թ

ԻՆՔՆԱԹԻՌ
ՀԵԾԱՆԻՎ
ՔԱՐԱՎԱՆ
ՈՒՂՂԱԹԻՌ
ԼԱՍՏԱՆԱՎ

78 - Emozioni

Խ	Զ	Ղ	Ո	Ս	Ե	Ր	Հ	Լ	Ի	Ա	Ե	Բ	Է
Ք	Ա	Ս	Ւ	E	Ձ	Չ	Ա	Տ	E	Ն	Ր	Ա	Ճ
Ն	Յ	Ղ	Ր	Ը	Յ	Օ	Ն	Բ	Վ	Ա	Ա	Վ	Գ
Ք	Ր	Հ	Ա	Ղ	Շ	Գ	Գ	Ա	Ճ	Կ	Ն	Ա	Վ
Շ	Ո	Ա	Խ	Ղ	Ն	Ն	Ի	Ր	Ձ	Ն	Ո	Ր	Ա
Ո	Ւ	Մ	Ո	Ջ	Ո	Ո	Ս	Ո	Ա	Կ	Ւ	Ա	Խ
Ւ	Յ	Ա	Ւ	Կ	Ր	Ւ	Տ	Ւ	Ն	Ա	Թ	Ր	Ց
Թ	Թ	Կ	Թ	Ն	Հ	Թ	Թ	Թ	Ձ	Լ	Յ	Վ	Ժ
Յ	Գ	Ր	Յ	Է	Ա	Յ	Բ	Յ	Ր	Մ	Ո	Ա	Յ
Ո	Ո	Ա	Ո	Ջ	Կ	Ո	Ն	Ո	Ո	Տ	Ւ	Ծ	Ր
Ւ	H	Ն	Ւ	Կ	Ա	Ւ	Վ	Ւ	Ւ	Ւ	Ն	Շ	Ո
Ն	Ո	Ք	Ն	Ռ	Լ	Ն	Ւ	Ն	Յ	K	Ն	H	Թ
Ն	Հ	Ո	Ւ	Զ	Վ	Ա	Ծ	Պ	Թ	Ճ	Շ	Բ	Յ
Հ	Ա	Ն	Գ	Ս	Տ	Ո	Ւ	Թ	Յ	Ո	Ւ	Ն	Կ

ՍԵՐ
ԵՐԱՆՈՒԹՅՈՒՆ
ՀԱՆԳԻՍՏ
ՀՈՒԶՎԱԾ
ԲԱՐՈՒԹՅՈՒՆ
ՈՒՐԱԽՈՒԹՅՈՒՆ
ՇՆՈՐՀԱԿԱԼ
ՁԱՆՁՐՈՒՅԹ
ԽԱՂԱՂՈՒԹՅՈՒՆ
ՎԱԽ
ԶԱՅՐՈՒՅԹ
ՕԳՆՈՒԹՅՈՒՆ
ՀԱՄԱԿՐԱՆՔ
ԲԱՎԱՐԱՐՎԱԾ
ԱՆԱԿՆԿԱԼ
ՔՆՔՇՈՒԹՅՈՒՆ
ՀԱՆԳՍՏՈՒԹՅՈՒՆ

79 - Natura

Յ	Ֆ	Ճ	Ե	Լ	Է	Ր	Է	Է	Ն	Ձ	Ա	Գ	Բ
Թ	Ն	Ր	Ւ	Դ	Մ	Ր	Բ	Զ	Զ	Շ	Ր	Ե	Ֆ
Հ	Լ	Ե	Ռ	Ն	Ե	Ր	Ո	Ո	Շ	Տ	Ե	Ղ	E
Ժ	Ր	Թ	Ծ	Ժ	Ղ	Ղ	Ց	Չ	Փ	Տ	Ւ	Ե	Ծ
Կ	Ք	Կ	Ղ	Ժ	Ո	Ո	Ե	Ո	Ի	Չ	Ա	Ց	H
Ե	Ա	Կ	Ի	Վ	Ւ	Հ	Ռ	Չ	Ծ	Ա	Դ	Կ	Ս
Ն	Վ	Մ	Դ	Ի	Ն	Ա	Մ	Ի	Կ	Ն	Ա	Ո	Ա
Դ	Գ	Ա	Պ	Ռ	Ե	Ն	Ղ	P	Ս	Ա	Ր	Ւ	Ռ
Ա	Ժ	Ն	Յ	Ե	Ր	Գ	Ե	Տ	Ա	Պ	Ձ	Թ	Ց
Ն	Բ	Տ	Հ	Ր	Ր	Ի	Չ	Դ	Ղ	Ա	Ա	Յ	Ա
Ի	Ա	Ա	Ռ	Ճ	Ի	Ս	Ո	Ք	Ա	Տ	Յ	Ո	Դ
Ն	Յ	Ռ	Ղ	Վ	Ք	Տ	Ո	A	Ր	Ս	Ի	Ւ	Ա
Ե	Ա	Ր	Կ	Տ	Ի	Կ	Ա	Մ	Թ	P	Ն	Ն	Շ
Ր	Յ	Ջ	Ի	Մ	Ա	Ռ	Ա	Խ	Ո	Ւ	Ղ	Պ	Տ

ԿԵՆԴԱՆԻՆԵՐ
ՄԵՂՈՒՆԵՐ
ԱՐԿՏԻԿԱ
ԳԵՂԵՑԿՈՒԹՅՈՒՆ
ԱՆԱՊԱՏ
ԴԻՆԱՄԻԿ
ԷՐՈԶԻԱ
ԳԵՏ
ՍԱՂԱՐԹ
ԱՆՏԱՌ
ՍԱՌՑԱԴԱՇՏ
ԼԵՌՆԵՐ
ՄԱՌԱԽՈՒՂ
ԱՄՊԵՐ
ՎԱՅՐԻ
ՀԱՆԳԻՍՏ
ԱՐԵՒԱԴԱՐՁԱՅԻՆ

80 - Balletto

Պ	Բ	Է	Ն	Լ	Ս	Ա	Ր	Ա	Ն	Կ	Մ	Հ	Խ
Ր	Ա	P	Ժ	Գ	Ո	Հ	Պ	Ր	Վ	Ո	Կ	Մ	Ո
Ա	Լ	Ր	Փ	Ռ	Լ	Ժ	Յ	Տ	Ա	Մ	Ա	Տ	Ր
Կ	Ե	Ղ	Ո	Ճ	Ո	Ե	Ս	Ա	Գ	Պ	Ն	Ո	Ե
Տ	Ր	Ձ	Ր	Ղ	Ն	Ս	Մ	Հ	Ա	Ո	Ն	Ւ	Ո
Ի	Ի	Ե	Զ	K	Ն	Տ	E	Ա	Խ	Ձ	Ե	Թ	Գ
Կ	Ն	Յ	Տ	E	Ն	Ե	Ս	Յ	Ո	Ի	Ր	Յ	Ր
Ա	Ա	Ծ	Տ	Տ	A	Ռ	Ր	Տ	Ւ	Տ	Ր	Ո	Ա
H	Ե	Ղ	Մ	Մ	Դ	Պ	Ս	Ի	Մ	Ո	Յ	Ւ	Ֆ
Ռ	P	Ղ	Ի	Է	Կ	Ժ	E	Չ	Բ	Ր	H	Ն	Ի
Ի	Ն	Տ	Ե	Ն	Ս	Ի	Վ	Ա	Ց	Ն	Ե	Լ	Ա
Թ	Ե	Ր	Ա	Ժ	Շ	Տ	Ո	Ւ	Թ	Յ	Ո	Ւ	Ն
Մ	Գ	Ե	Ղ	Ա	Ր	Վ	Ե	Ս	Տ	Ա	Կ	Ա	Ն
Ս	Ք	Դ	Ր	Վ	Ր	Տ	Ե	Խ	Ն	Ի	Կ	Ա	Պ

ՀՄՏՈՒԹՅՈՒՆ
ԳԵՂԱՐՎԵՍՏԱԿԱՆ
ՍՈԼՈ
ԲԱԼԵՐԻՆԱ
ՊԱՐՈՂՆԵՐ
ԿՈՄՊՈԶԻՏՈՐ
ԽՈՐԵՈԳՐԱՖԻԱ
ԱՐՏԱՀԱՅՏԻՉ
ԺԵՍՏ
ԻՆՏԵՆՍԻՎԱՑՆԵԼ
ՄԿԱՆՆԵՐ
ԵՐԱԺՇՏՈՒԹՅՈՒՆ
ՆՎԱԳԱԽՈՒՄԲ
ՊՐԱԿՏԻԿԱ
ՓՈՐՁ
ԼՍԱՐԱՆ
ՌԻԹՄ
ՈՃ
ՏԵԽՆԻԿԱ

81 - Castelli

Ւ	Կ	Կ	P	Պ	Ա	Լ	Ա	Տ	Ֆ	Ք	P	Ք	Ք
Շ	Ժ	Ծ	Մ	Ա	Զ	Ն	Ի	Վ	Ջ	Զ	Ց	Ր	Վ
Ձ	H	Ձ	Ց	Տ	Ա	Ս	Պ	Ե	Տ	Կ	Ր	Լ	E
Ժ	K	Փ	Շ	Կ	Ի	Ֆ	Վ	Ի	Շ	Ա	Պ	Ա	Խ
Ք	Ժ	Ժ	Ռ	Ղ	Ս	Ո	Ւ	Ր	Ե	Յ	Ք	Շ	Հ
Ձ	Ֆ	Ե	Ո	Ւ	Դ	Ա	Լ	Տ	A	Ս	Ա	Տ	Լ
Ի	Ց	Կ	Ց	Ո	Ի	E	Շ	Տ	Ծ	Ր	Ր	Ա	Շ
Դ	Շ	Ե	Օ	Ս	Ն	Բ	Ռ	Թ	Լ	Ո	Ա	Ր	Կ
Խ	Ր	Խ	Փ	Ս	Ա	Բ	Ե	Մ	A	Ւ	Ձ	Ա	Է
Յ	Շ	Վ	Ա	Խ	Ս	Փ	Ե	Ր	K	Թ	Ի	Կ	Փ
Պ	Ս	Ա	Կ	Ն	Տ	Ը	Ս	Ջ	Դ	Յ	Գ	Ս	K
P	Օ	Հ	Ց	Ձ	Ի	Ե	Ո	Զ	Դ	Ո	Ճ	Շ	Ւ
Ց	Ե	Ա	Ր	Ք	Ա	Յ	Ա	Դ	Ո	Ւ	Ս	Տ	Ր
Ա	Բ	Ն	Ի	Ր	Թ	E	E	Զ	Վ	Ն	Է	E	A

ԶՐԱՀ
ՔԱՐԱՁԻԳ
ԱՍՊԵՏ
ՁԻ
ՊՍԱԿ
ԴԻՆԱՍՏԻԱ
ՎԻՇԱՊ
ՖԵՈՒԴԱԼ
ԲԵՐԴ
ԿԱՅՍՐՈՒԹՅՈՒՆ
ԱԶՆԻՎ
ՊԱԼԱՏ
ՊԱՏ
ԻՇԽԱՆ
ԱՐՔԱՅԱԴՈՒՍՏՐ
ՎԱՀԱՆ
ՍՈՒՐ
ԱՇՏԱՐԱԿ

82 - Campionato

Մ	Փ	Ն	Ե	Ր	Կ	Ա	Յ	Ա	Ց	Ո	Ւ	Մ	Ձ
Ա	Թ	Մ	Ո	Տ	Ի	Վ	Ա	Ց	Ի	Ա	Ձ	Ա	Ց
Չ	Ռ	Ի	Մ	Ե	Դ	Ա	Լ	Մ	Չ	Չ	Ճ	Ր	Ս
Ձ	Ձ	Ա	Մ	Ց	Ս	Պ	Ո	Ր	Տ	Տ	A	Զ	Ղ
Ջ	E	Ջ	Ջ	Ո	Թ	Ջ	Դ	Ց	Ւ	Վ	H	Ի	Ռ
Մ	K	A	Լ	Ն	Է	Գ	Ի	Ա	Զ	Փ	Ի	Չ	Ռ
Խ	Փ	Ղ	Դ	Վ	Ո	Ը	Ք	Ճ	Ռ	Ճ	Ճ	Ք	Գ
Գ	Մ	Հ	Չ	Ա	Ց	Ւ	Վ	Ա	Պ	Ը	Մ	Հ	Թ
Ռ	K	Կ	Ե	Ռ	Տ	Մ	Թ	Ր	Ժ	Ց	Ձ	Ի	Ք
Ց	Ո	Ե	Մ	Ւ	Ը	Ա	H	Յ	Խ	Ա	Ղ	Ե	Ր
Ը	A	Վ	Պ	H	Ս	Ո	Վ	Ռ	Ո	Ր	Կ	Փ	Տ
Չ	Յ	Լ	Ի	Գ	Ա	Ւ	Զ	Ո	A	Ւ	Ա	Դ	Ի
E	Ը	Զ	Ո	P	Ա	Լ	Յ	Ջ	Ր	Ո	Ն	Է	Ն
K	E	P	Ն	Ե	Զ	Ր	Ա	Փ	Ա	Կ	Ի	Չ	Ք

ՄԱՐԶԻՉ
ԱՌԱՋՆՈՒԹՅՈՒՆ
ՉԵՄՊԻՈՆ
ԵԶՐԱՓԱԿԻՉ
ԽԱՂԵՐ
ԴԱՏԱՎՈՐ
ԼԻԳԱ
ՄԵԴԱԼ
ՄՈՏԻՎԱՑԻԱ
ՆԵՐԿԱՅԱՑՈՒՄ
ՍՊՈՐՏ
ԹԻՄ
ՔՐՏԻՆՔ
ՄՐՑԱՇԱՐ

83 - Foresta Pluviale

Գ	Ա	Լ	Օ	Կ	Հ	Կ	Ս	Բ	Ց	Տ	Ա	Է	E
Ո	Վ	Ժ	Հ	Ա	Մ	Ա	Յ	Ն	Ք	Ե	Պ	Ա	Ք
Յ	Ո	Ե	Բ	Թ	Մ	Ր	Ֆ	Ի	Տ	Ս	Ա	Մ	Պ
Ա	Գ	Ք	Ր	Ն	Ձ	Ժ	Թ	Կ	Ջ	Ա	Ս	Պ	Ա
Տ	Ց	Մ	Շ	Ա	Վ	Ե	Ջ	Շ	Մ	Կ	Տ	Ե	Հ
Ե	Ի	Բ	Ձ	Ս	Կ	Ք	Ո	E	Ի	Ն	Ա	Ր	Պ
Ւ	Կ	Ն	Խ	Ո	P	Ա	Ւ	Մ	Ջ	Ե	Ն	Կ	Ա
Ո	Լ	Ո	Վ	Ւ	Ա	Վ	Ն	Ճ	Ա	Ր	Ծ	Թ	Ն
Ւ	Ի	Ւ	Կ	Ն	Թ	Ո	Գ	Գ	Տ	Մ	Ւ	Տ	Ո
Մ	Մ	Թ	Ջ	Ն	E	Ր	Լ	Հ	Ն	Ռ	Ո	Ճ	Ւ
Խ	Ա	Յ	Շ	Ե	P	Տ	Ի	Տ	Ե	Ո	Հ	Ւ	Մ
A	Մ	Ո	Ւ	Ր	Լ	Շ	Ճ	Ւ	Ր	Ր	Ւ	Ր	Ռ
Բ	Ո	Ւ	Ս	Ա	Ն	Ի	Կ	Ա	Կ	Ա	Ն	Մ	Յ
Ջ	Ղ	Ն	Հ	Ա	Ր	Գ	Ա	Ն	Ք	Օ	Ի	Չ	Ձ

ԲՈՒՍԱՆԻԿԱԿԱՆ
ԿԼԻՄԱ
ՀԱՄԱՅՆՔ
ՋՈՒՆԳԼԻ
ԲՆԻԿ
ՄԻՋԱՏՆԵՐ
ԿԱԹՆԱՍՈՒՆՆԵՐ
ՄԱՄՈՒՌ
ԲՆՈՒԹՅՈՒՆ
ԱՄՊԵՐ
ՊԱՀՊԱՆՈՒՄ
ԱՐԺԵՔԱՎՈՐ
ՎԵՐԱԿԱՆԳՆՈՒՄ
ԱՊԱՍՏԱՆ
ՀԱՐԳԱՆՔ
ԳՈՅԱՏԵՒՈՒՄ
ՏԵՍԱԿՆԵՐ

84 - Edifici

Ա	Շ	Տ	Ա	Ր	Ա	Կ	Ա	Մ	Ր	Ո	Ց	Ս	Մ
Ծ	Ս	Հ	Ի	Վ	Ա	Ն	Դ	Ա	Ն	Ո	Ց	Ո	Ա
Գ	L	Տ	Ն	Ա	Կ	Ո	Ւ	Մ	Ք	Ջ	E	Ւ	Ր
Ն	Ա	Ն	Ղ	Բ	H	Ֆ	Վ	Վ	Պ	Զ	Գ	Պ	Ջ
E	Բ	Փ	Թ	Ա	Ն	Գ	Ա	Ր	Ա	Ն	Ա	Ե	Ա
P	Ո	Ր	Ֆ	Հ	Դ	Ձ	Ռ	Ա	Ւ	Ծ	Մ	Ր	Դ
Ե	Ր	P	Պ	Յ	Կ	Ի	Թ	Ն	A	Ղ	Վ	Մ	Ա
Թ	Ա	Տ	Ր	Ո	Ն	Կ	Տ	Ո	Ի	Ն	Է	Ա	Շ
Ր	Տ	Ք	Հ	Ւ	Բ	Ի	Վ	Ա	Ր	Ե	E	Ր	Տ
Ո	Ո	Տ	A	Ր	Փ	Ն	Ն	Փ	Ր	O	Թ	Կ	Դ
Գ	Ր	Ր	Ի	Ա	Ժ	Ո	Գ	E	O	Ա	Բ	Ե	Պ
Մ	Ի	Ռ	Բ	Ն	Ա	Կ	Ա	Ր	Ա	Ն	Ն	Տ	Ր
H	Ա	Յ	Թ	Ո	Գ	Ո	Ր	Ծ	Ա	Ր	Ա	Ն	Ո
Ց	Ռ	H	Մ	Ց	Ց	H	Ա	Չ	Ս	Խ	Ջ	L	Ց

ԲՆԱԿԱՐԱՆ
ՏՆԱԿՈՒՄ
ԱՄՐՈՑ
ԿԻՆՈ
ԳՈՐԾԱՐԱՆ
ԳԱՄ
ՀՅՈՒՐԱՆՈՑ
ԼԱԲՈՐԱՏՈՐԻԱ
ԹԱՆԳԱՐԱՆ
ՀԻՎԱՆԴԱՆՈՑ
ԱՍՏՂԱԴԻՏԱՐԱՆ
ԴՊՐՈՑ
ՄԱՐԶԱԴԱՇՏ
ՍՈՒՊԵՐՄԱՐԿԵՏ
ԹԱՏՐՈՆ
ՎՐԱՆ
ԱՇՏԱՐԱԿ

85 - Paesi #2

Ռ	Կ	Հ	A	Ի	Ս	Լ	Ա	Ո	Ս	Ի	Ո	Ց	Հ
Ո	Դ	Ա	Ն	Ի	Ա	Զ	Ձ	Վ	Ի	Ն	Ւ	Ւ	Ո
Ւ	Խ	Ի	Ե	Ի	Ճ	Կ	Պ	Ւ	Ր	Դ	Կ	Վ	Ւ
Ս	Ո	Թ	Պ	Տ	Գ	Ա	H	Ի	Ի	Ո	Ր	Ե	Ն
Ա	Շ	Ի	Ա	Տ	Ց	Ե	Պ	Ի	Ա	Ն	Ա	Թ	Ա
Ս	Ծ	A	Լ	Ե	Ֆ	Ճ	Ր	Ո	Ն	Ե	Ի	Ո	Ս
Տ	Ե	Ն	Գ	Ա	Ճ	Ի	Ժ	Ի	Ն	Զ	Ն	Վ	Տ
Ա	Ա	Ճ	Ե	Մ	Ջ	Ծ	Ռ	Շ	Ա	Ի	Ա	Պ	Ա
Ն	Լ	Ի	Բ	Ե	Ր	Ի	Ա	Լ	Խ	Ա	Ա	Ի	Ն
Ո	Բ	Ւ	Ն	Ք	Փ	Ջ	Ա	Մ	Ա	Յ	Կ	Ա	Ռ
O	Ա	Ծ	Ո	Ս	Է	Ո	Ւ	Գ	Ա	Ն	Դ	Ա	Տ
Կ	Ն	K	K	Ի	Ս	Ո	Ւ	Դ	Ա	Ն	Դ	Զ	Ո
H	Ի	Ժ	Տ	Կ	Ա	A	Ե	Ի	Ւ	E	Ձ	Ի	Ծ
Ջ	Ա	Կ	Պ	Ա	Կ	Ի	Ս	Տ	Ա	Ն	Ց	K	Ա

ԱԼԲԱՆԻԱ
ՋԱՄԱՅԿԱ
ԼԻԲԵՐԻԱ
ՆԻԳԵՐԻԱ
ՊԱԿԻՍՏԱՆ
ՈՒԳԱՆԴԱ

86 - Tipi di Capelli

Ե	Ֆ	Ւ	Չ	Ւ	Լ	Ղ	Խ	Շ	Թ	Գ	Զ	Շ	Զ
Յ	Ր	E	Ր	P	Հ	Ս	Պ	Ի	Տ	Ա	Կ	Ա	Մ
Փ	Ջ	Կ	Լ	Կ	Ա	Ր	Ճ	Կ	Ծ	Կ	Ի	Գ	Հ
Ճ	Ա	Ո	Ա	Տ	Ր	Ծ	E	Ա	Ձ	Զ	Հ	Ա	Ռ
Ղ	E	Փ	Դ	Ր	Թ	Գ	Ա	Հ	Ս	Ֆ	Յ	Ն	H
Ը	Պ	Չ	Ո	Ր	Վ	Ա	Տ	Ե	Ա	Ե	Ո	Ա	Ն
Չ	Ծ	Ն	Ը	Ւ	Չ	Ն	Ո	Ր	Ր	Փ	Ւ	Կ	Թ
Ճ	Ա	Ղ	Ա	Տ	Կ	Գ	Ր	Ո	Ծ	Ա	Ս	Ա	Բ
Գ	Ո	Ւ	Ն	Ա	Վ	Ո	Ր	Չ	Ա	Յ	Ա	Գ	Ա
Ճ	Կ	Լ	Մ	Ռ	Հ	Ւ	Խ	Դ	Թ	Լ	Ծ	Ո	Ր
Գ	Ա	Ն	Գ	Ո	Ւ	Ր	Ն	Ե	Ր	Ո	Բ	Ւ	Ա
Զ	Ը	Ֆ	Ռ	Ղ	Հ	Ա	Ս	Տ	Մ	Ւ	H	Յ	Կ
Զ	Ք	Ձ	Ի	Ջ	Ո	Է	Ս	Կ	Ց	Ն	Թ	Ն	Ֆ
Մ	Ո	Խ	Ր	Ա	Գ	Ո	Ւ	Յ	Ն	Կ	Խ	Ղ	Ժ

ԱՐԾԱԹ
ՉՈՐ
ՍՊԻՏԱԿ
ՇԻԿԱՀԵՐ
ԿԱՐՃ
ՃԱՂԱՏ
ԳՈՒՆԱՎՈՐ
ՄՈԽՐԱԳՈՒՅՆ
ՀՅՈՒՍԱԾ
ՀԱՐԹ
ՓԱՅԼՈՒՆ
ԵՐԿԱՐ
ՇԱԳԱՆԱԿԱԳՈՒՅՆ
ՓԱՓՈՒԿ
ՍԵՒ
ԳԱՆԳՈՒՐ
ԳԱՆԳՈՒՐՆԵՐ
ԱՌՈՂՋ
ԲԱՐԱԿ
ՀԱՍՏ

87 - Vestiti

Գ	Ո	Գ	Ն	Ո	Ց	Բ	Ձ	Չ	Է	Վ	K	Վ	Ս
Տ	K	Թ	Ս	Վ	Ի	Տ	Ե	Ր	Խ	Ե	Ր	Ե	Ա
Ա	Դ	Կ	Ո	Շ	Ի	Կ	Ռ	Ջ	Յ	Ր	Չ	Ր	Ն
Բ	Խ	Պ	Ժ	E	Վ	Չ	Ն	Ո	Ց	Ա	Գ	Ն	Դ
Ա	L	K	Թ	A	Թ	Փ	Ա	Պ	K	Ր	Ե	Ա	Ա
Տ	Պ	Ո	Ը	Վ	O	O	Ց	E	Վ	Կ	Ս	Շ	L
Կ	Մ	Ա	Ւ	Ի	P	Ի	Ո	Պ	Ր	Ո	Տ	Ա	Ն
Ի	O	Ղ	Ր	Չ	Ժ	Դ	Ղ	Կ	Գ	Ւ	O	Պ	Ե
O	Ս	Հ	Ռ	Ա	Ռ	Հ	Ն	Փ	Ո	Փ	Ծ	Ի	Ր
Ը	Յ	Բ	Ւ	Յ	Ն	Է	Ե	Շ	Տ	Ը	Ե	Կ	Ր
Գ	L	Խ	Ա	Ր	Կ	Ջ	Ր	Ջ	Ի	Ն	Ս	Շ	Ո
Պ	Ի	Ժ	Ա	Մ	Ա	Ց	Ա	Ա	Է	Շ	Ձ	Ա	Ն
Բ	Ա	Ճ	Կ	Ո	Ն	E	Չ	Ն	Ք	Ո	Ց	Ւ	Զ
Գ	Ո	Ւ	L	Պ	Ա	Ն	Ե	Ր	Շ	Ա	Ր	Ֆ	Զ

ՉԳԵՍՏ
ԱՊԱՐԱՆՋԱՆ
ԳՈՒԼՊԱՆԵՐ
ԲԼՈՒԶ
ՎԵՐՆԱՇԱՊԻԿ
ԳԼԽԱՐԿ
ՎԵՐԱՐԿՈՒ
ԳՈՏԻ
ՎՉՆՈՑ
ԲԱՃԿՈՆ
ՓԵՇ
ԳՈԳՆՈՑ
ՁԵՌՆԱՑՈՂՆԵՐ
ՋԻՆՍ
ՍՎԻՏԵՐ
ՏԱԲԱՏ
ՊԻԺԱՄԱ
ՍԱՆԴԱԼՆԵՐ
ԿՈՇԻԿ
ՇԱՐՖ

88 - Attività e Tempo Libero

Բ	Ռ	Ն	Ց	Ք	Ա	Մ	Ա	Ր	Տ	Զ	Օ	Զ	Ն
Ո	Ճ	Հ	Դ	Ծ	Զ	Ռ	Փ	Թ	Զ	Դ	Ի	Բ	Կ
Ժ	Ց	K	Վ	Ո	Լ	Ե	Յ	Բ	Ո	Լ	Բ	Ե	Ա
Բ	Ա	Ս	Կ	Ե	Տ	Բ	Ո	Լ	Լ	Ց	Հ	Յ	Ր
Ս	Ֆ	Ո	Ւ	Տ	Բ	Ո	Լ	Խ	Ր	Ո	Ի	Ս	Չ
Ե	Ձ	Վ	Յ	Օ	Ղ	H	Օ	Ւ	Գ	Խ	Ղ	Բ	Ո
Ր	Կ	Հ	Ա	Ն	Գ	Ս	Տ	Ա	Ն	Ա	Լ	Ո	Ւ
Ֆ	Ն	Կ	Ր	Ր	Հ	Ւ	Գ	Չ	Ո	H	Փ	Լ	Թ
Ի	Ո	E	Շ	Գ	Վ	Օ	Լ	H	Ւ	Է	Ո	Փ	Յ
Ն	Ր	Ի	Ա	Ո	Ո	Ե	Հ	Ր	Մ	Ք	Ձ	Ճ	Ո
Գ	Ս	Շ	Վ	K	Կ	Լ	Ս	Է	Ն	Տ	Զ	Պ	Ւ
Ը	Ր	Ե	K	Ճ	Տ	K	Ֆ	Տ	Ե	Տ	Խ	Ի	Ն
Թ	Ե	Ն	Ի	Ս	Շ	Ռ	Գ	Բ	Ր	Ջ	Ջ	Ը	Վ
Ճ	Ա	Ն	Ա	Պ	Ա	Ր	Հ	Ո	Ր	Դ	Ե	Լ	Մ

ԱՐՎԵՍՏ
ԲԵՅՍԲՈԼ
ԲԱՍԿԵՏԲՈԼ
ԲՌՆՑՔԱՄԱՐՏ
ՖՈՒՏԲՈԼ
ԱՐՇԱՎ
ԳՈԼՖ
ԼՈՂ
ՎՈԼԵՅԲՈԼ
ՁԿՆՈՐՍ
ՆԿԱՐՉՈՒԹՅՈՒՆ
ՀԱՆԳՍՏԱՆԱԼՈՒ
ԳՆՈՒՄՆԵՐ
ՍԵՐՖԻՆԳ
ԹԵՆԻՍ
ՃԱՆԱՊԱՐՀՈՐԴԵԼ

89 - Tecnologia

Ֆ	Ի	Է	Ծ	Բ	Չ	A	Ծ	Ր	Ա	Գ	Ր	Ե	Ր
Ա	Ղ	Ն	Կ	Հ	Ա	Մ	Ա	Կ	Ա	Ր	Գ	Ի	Չ
Յ	Ջ	Ֆ	Տ	Ր	Չ	Յ	Յ	Ա	Տ	Տ	Բ	Վ	Զ
Լ	Է	Ք	Ռ	Ե	Ա	Չ	Տ	Ս	Ա	Ե	Ս	Ի	Ձ
Ը	Ց	Ծ	Չ	Հ	Ր	Ն	Է	Ե	Ռ	Ս	Կ	Ր	Թ
Ֆ	Ո	Ր	E	E	Է	Ն	Ձ	H	Ա	Ա	Տ	Ո	Վ
Բ	Ւ	Ճ	Վ	Դ	Ֆ	H	Ե	Մ	Տ	Խ	Վ	Ւ	Ա
E	Ց	Ղ	P	Ժ	Բ	Ց	Ա	Տ	Ե	Ց	Յ	Ս	Յ
K	Ի	Ե	Շ	Դ	Գ	K	Յ	Դ	Ս	Ի	Ա	Ռ	Ի
Ֆ	Չ	Ձ	Զ	Յ	Ռ	Ց	Ճ	Ա	Ա	Կ	Լ	Ջ	Ն
K	Ժ	Բ	Ծ	Գ	Ջ	Գ	Ք	Ջ	Կ	Խ	Ն	Ը	Չ
Ճ	Ը	Լ	Վ	Ի	Ր	Տ	Ո	Ւ	Ա	Լ	Ե	Ւ	Ղ
Ծ	O	Ո	A	Բ	Ր	Ա	Ո	Ւ	Զ	Ե	Ր	Զ	Տ
Զ	A	Գ	Զ	Ն	A	Ը	Զ	P	Ֆ	Չ	Ի	K	Ֆ

ԲԼՈԳ
ԲՐԱՈՒԶԵՐ
ԲԱՅՏ
ՀԱՄԱԿԱՐԳԻՉ
ՑՈՒՑԻՉ
ՏՎՅԱԼՆԵՐ
ԹՎԱՅԻՆ
ՖԱՅԼ
ՏԱՌԱՏԵՍԱԿ
ԻՆՏԵՐՆԵՏ
ԷԿՐԱՆ
ԾՐԱԳՐԵՐ
ՏԵՍԱԽՑԻԿ
ՎԻՐՏՈՒԱԼ
ՎԻՐՈՒՍ

90 - Arte

Է	Տ	Խ	Ձ	Գ	Չ	Վ	Խ	Ե	Ր	Կ	A	Բ	Է
Պ	Ւ	Ք	Ո	Ք	P	Յ	H	E	Է	Թ	K	Դ	Ք
Ս	Ո	Ո	Ի	Ր	Լ	Յ	Մ	Պ	Ճ	K	P	Ն	Ս
Տ	Պ	Ե	Գ	Ժ	Հ	Ն	Կ	Ա	Ր	Ն	Ե	Ր	Պ
Ե	Ա	Օ	Զ	Ե	Ղ	Ր	Հ	Ա	Մ	Ա	Լ	Ի	Ր
Ղ	Ր	A	H	Ի	Շ	Ղ	Դ	Ա	Զ	Ն	Ի	Վ	Ե
Ծ	Զ	Չ	Ջ	Ք	Ա	Ն	Դ	Ա	Կ	Ք	Կ	Ա	Ս
Ե	Ա	Ռ	Ա	Ր	Կ	Ա	Չ	Ջ	Ն	Ր	Ծ	Ն	Ի
Լ	Կ	Ա	Զ	Մ	Ը	A	Ը	Վ	Ժ	Ի	Փ	Ձ	Ո
Օ	Ր	Ի	Գ	Ի	Ն	Ա	Լ	Գ	Ա	Ն	Շ	Ն	Ն
Տ	Ե	Ս	Ո	Ղ	Ա	Կ	Ա	Ն	Ֆ	Ծ	Լ	Ա	Ղ
Մ	Կ	Ե	Ր	Ա	Մ	Ի	Կ	Ա	Կ	Ա	Ն	Կ	K
Ս	Յ	Ո	Ւ	Ր	Ռ	Ե	Ա	Լ	Ի	Զ	Մ	Ա	Ժ
Ւ	Խ	Տ	H	Ո	Ը	Ե	Ի	Ջ	Օ	Շ	Ե	Ն	Ռ

ԿԵՐԱՄԻԿԱԿԱՆ
ՀԱՄԱԼԻՐ
ԿԱԶՄԸ
ՍՏԵՂԾԵԼ
ՆԿԱՐՆԵՐ
ԷՔՍՊՐԵՍԻՈՆ
ՈԳԵՇՆՉՎԱԾ
ԱԶՆԻՎ
ՕՐԻԳԻՆԱԼ
ԱՆՁՆԱԿԱՆ
ՊՈԵԶԻԱ
ՔԱՆԴԱԿ
ՊԱՐԶ
ԽՈՐՀՐԴԱՆԻՇ
ԱՌԱՐԿԱ
ՍՅՈՒՐՌԵԱԼԻԶՄ
ՏԵՍՈՂԱԿԱՆ

91 - Meteo

Յ	Է	Ժ	P	Ռ	Բ	Ճ	Մ	Չ	H	Յ	Շ	Տ	Ք
Լ	Ց	Զ	Ֆ	Ջ	Ե	Փ	Յ	Ո	Ւ	Ռ	Ֆ	Ա	Ա
K	E	Ս	Չ	Ւ	Վ	Ք	H	Ր	Ւ	H	Պ	Ր	Մ
Փ	Ք	Կ	Լ	Ի	Մ	Ա	Ր	Դ	Ս	Ս	Է	Ա	Ի
Ե	Ր	Կ	Ի	Ն	Ք	Ո	Ր	Պ	Ո	Տ	Ո	Փ	Ի
Ա	Ր	Ե	Ւ	Ա	Դ	Ա	Ր	Զ	Ա	Յ	Ի	Ն	Փ
Ժ	Մ	Մ	Զ	Ս	Ձ	Հ	Ե	Ց	P	Ղ	K	Չ	Ո
Ձ	Ա	Թ	Դ	Ա	Վ	Ծ	Ա	Ր	Ֆ	Խ	Ե	Ք	Թ
Կ	Ռ	Ն	Դ	Ռ	Ց	Ի	H	Ն	Ա	Վ	Լ	Ս	Ո
Ա	Ա	Ո	Ջ	Ո	Ե	Ա	Մ	Պ	Գ	Շ	Դ	Օ	Ր
Յ	Խ	Լ	K	Ւ	Լ	Ծ	Ժ	Ր	Դ	Ի	Տ	Հ	Ի
Ծ	Ո	Ո	Ժ	Յ	Զ	Ա	Յ	Օ	Գ	H	Ս	Ր	Կ
Ա	Ւ	Ր	A	Ց	Խ	Ն	Ղ	E	Կ	Բ	Հ	Տ	Ա
Կ	Ղ	Տ	Բ	Ե	Ւ	Ե	Ռ	Ա	Յ	Ի	Ն	Զ	Վ

ԾԻԱԾԱՆ
ՉՈՐ
ՄԹՆՈԼՈՐՏ
ԶԵՓՅՈՒՌ
ՀԱՆԳԻՍՏ
ԵՐԿԻՆՔ
ԿԼԻՄԱ
ԿԱՅԾԱԿ
ՍԱՌՈՒՅՑ
ՄՈՒՍՈՆ
ՄԱՌԱԽՈՒՂ
ԱՄՊ
ԲԵՒԵՌԱՅԻՆ
ԵՐԱՇՏ
ՓՈԹՈՐԻԿ
ՏԱՐԱՓ
ԱՐԵՒԱԴԱՐՁԱՅԻՆ
ՈՐՊՈՏ
ՔԱՄԻ

92 - Corpo Umano

Կ	Զ	Ա	Կ	Ո	Ճ	Ա	Ն	Կ	Յ	Ո	Ւ	Ն	Ո
E	Ս	Ը	Դ	Բ	Վ	Ւ	Չ	E	Ի	Ւ	Փ	Խ	Տ
Պ	Տ	Ք	Դ	Ե	Մ	Ք	Ծ	Ք	Ա	Ս	Ժ	P	Ք
Լ	Ա	Է	Ա	Ր	Յ	Ա	Ն	Շ	Ժ	Կ	Ր	Չ	Ը
Կ	Մ	Ր	Կ	Ա	Շ	Ի	Կ	Ձ	Լ	Զ	Ա	Ս	K
Վ	Ո	A	Ա	Ն	E	Ր	Ի	Ժ	Ց	E	Ժ	Ն	H
Ս	Ք	Ի	Թ	Ն	Ո	Ւ	Ղ	Ե	Ղ	K	Ի	Չ	Ջ
Ի	Ս	Ե	Գ	Լ	Ո	Ւ	Խ	Ո	Ծ	Հ	Թ	Ր	Է
Ր	Ի	H	Մ	Հ	Տ	Ց	Ա	Դ	Ծ	Յ	P	Չ	Ո
Տ	Ա	Փ	Ա	Ա	Ե	Ց	E	Յ	Գ	Վ	Ո	Ջ	Ց
E	Գ	Ք	Տ	Ձ	Պ	Ք	Բ	Գ	Ը	A	Կ	Ղ	E
Ձ	Լ	O	Բ	Ե	Պ	E	Ճ	Ռ	Տ	Ջ	Ֆ	Ո	Ւ
Ձ	Խ	Ո	K	Ռ	Հ	K	Գ	P	Կ	Հ	Տ	Դ	Ն
Ձ	Ը	H	Ր	Ք	Ւ	H	Հ	Շ	Ռ	Ն	Ն	Ղ	Չ

ԲԵՐԱՆ
ԿՈՃ
ՈՒՂԵՂ
ՊԱՐԱՆՈՑ
ՍԻՐՏ
ՄԱՏ
ԴԵՄՔ
ՈՏՔԸ
ԾՆԿԻ
ԱՆԿՅՈՒՆ
ՁԵՌՔ
ԿԶԱԿ
ՔԻԹ
ԱՉՔ
ԱԿԱՆՋ
ԿԱՇԻ
ԱՐՅԱՆ
ՈՒՍ
ՍՏԱՄՈՔՍԻ
ԳԼՈՒԽ

93 - Mammiferi

Կ	Ա	Պ	Ի	Կ	Կ	Օ	Շ	Փ	Խ	Ր	Տ	Ֆ	Բ
Ճ	Ա	Գ	Ա	Ր	K	Շ	Ք	Կ	E	Ց	Ի	K	H
K	Ղ	Տ	Շ	Կ	Ե	Ն	Գ	Ո	Ւ	Ր	Ո	Ւ	Մ
Ի	Վ	Ր	Ո	Յ	Ղ	Յ	Կ	Ո	Յ	Ո	Տ	Ւ	H
Ց	Ե	Ծ	Ւ	Ւ	Ջ	Ր	Ր	Ձ	Շ	Փ	Ի	Ղ	Լ
Բ	Ս	Ծ	Ն	Դ	Ե	Լ	Ֆ	Ի	Ն	Ս	Օ	Կ	Բ
Ծ	Գ	Ք	Չ	Ժ	Ր	Ը	Ն	Ձ	Ո	Ւ	Ղ	Տ	З
Պ	Տ	З	A	З	Ո	Ի	Գ	Ի	Լ	Ռ	Ր	Վ	Ղ
Ո	Ը	Ւ	Ց	Կ	Ւ	Ա	Ս	Գ	Ա	Յ	Լ	E	Ի
Չ	Ղ	Զ	E	Ժ	Փ	Ջ	Գ	Մ	Ռ	Ր	Վ	K	Մ
Խ	Կ	Ե	Տ	Մ	Խ	E	Ք	Է	Յ	Ժ	Ջ	Ո	Մ
Ա	Ֆ	Բ	Ր	Ֆ	Ռ	E	Գ	Գ	Ո	Ր	Ի	Լ	Ա
Ր	Ւ	Ր	Ի	Է	Չ	Տ	Ռ	Տ	Ւ	Յ	Ժ	Գ	H
Տ	Լ	Ա	Ր	Լ	Ի	Ռ	Ր	Ց	Ծ	Ս	Զ	Է	Ը

ԿԵՏ
ՇՈՒՆ
ԿԵՆԳՈՒՐՈՒ
ՁԻ
ԵՂՋԵՐՈՒ
ՃԱԳԱՐ
ԿՈՅՈՏ
ԴԵԼՖԻՆ
ՓԻՂ
ԿԱՏՈՒ

ԸՆՁՈՒՂՏ
ԳՈՐԻԼԱ
ԱՌՅՈՒԾ
ԳԱՅԼ
ԱՐՋ
ՈՉԽԱՐ
ԿԱՊԻԿ
ՑՈՒԼ
ԱՂՎԵՍ
ԶԵԲՐԱ

94 - Arrampicata

Փ	Է	Ո	Կ	H	Մ	Կ	Հ	Կ	Հ	Դ	Ք	P	Ֆ
Գ	Ո	Ճ	Ւ	Ֆ	A	Ո	Ռ	Ա	Ր	Շ	Ա	Վ	Ի
Է	Ք	Ր	A	Ժ	H	Շ	Ֆ	Յ	Ձ	H	Ր	Ք	Զ
K	Ա	Խ	Ձ	Հ	Ֆ	Ի	Ի	Ո	Ե	Ո	Տ	Ա	Ի
Վ	Թ	O	O	Ա	Չ	Կ	O	Ւ	Ռ	Ւ	Ե	Ր	Կ
Մ	Է	Լ	Լ	Ւ	Գ	Ն	Փ	Ն	Ն	Ս	Զ	Ա	Ա
P	Թ	Վ	A	Ջ	H	Ե	Յ	Ո	Ա	Ո	Ր	Ն	Կ
Վ	Փ	Ն	Դ	Պ	Ծ	Ր	Տ	Ւ	Ց	Ւ	Ր	Ձ	Ա
Լ	Ո	Ա	Ո	O	K	Բ	P	Թ	Ո	Ց	Ս	Ա	Ն
Կ	A	Ս	Ա	L	E	Ծ	Յ	Յ	Ղ	Ո	Ֆ	Վ	Ւ
Պ	Զ	Վ	H	Ս	Ո	Յ	Բ	Ո	Ն	Ւ	Է	H	Ո
H	E	Ա	Բ	Ե	Յ	Ր	Ղ	Ւ	Ե	Մ	Ն	Ե	Ղ
Ե	A	Ծ	Յ	Ն	Ի	Ժ	Տ	Ն	Ր	Ֆ	P	Ծ	L
Ն	Ջ	Ք	Ս	Ա	Ղ	Ա	Վ	Ա	Ր	Տ	H	Ֆ	H

ՄԹՆՈԼՈՐՏ
ՍԱՂԱՎԱՐՏ
ԱՐՇԱՎ
ՓՈՐՁԱԳԵՏ
ՖԻԶԻԿԱԿԱՆ
ՈՒՍՈՒՑՈՒՄ
ՈՒԺ
ՔԱՐԱՆՁԱՎ
ՁԵՌՆԱՑՈՂՆԵՐ
ՎՆԱՍՎԱԾՔ
ՔԱՐՏԵԶ
ԿԱՅՈՒՆՈՒԹՅՈՒՆ
ԿՈՇԻԿՆԵՐ
ՆԵՂ

95 - Animali Domestici

Շ	Ո	Ւ	Ն	E	Ծ	Ւ	Ն	Ձ	Ո	Բ	Պ	K	Լ
Դ	Տ	P	K	P	P	Ա	Յ	A	Խ	Թ	Ր	P	Ա
Փ	Գ	Ա	Ձ	Հ	Ր	Ձ	Տ	Խ	Լ	Ք	Շ	Կ	Կ
Մ	Ծ	K	Մ	Փ	K	Ձ	Հ	Պ	Ւ	Փ	Է	A	Ո
Կ	Ձ	Ճ	K	Խ	Ի	Փ	Ա	Մ	Ո	Ղ	Ե	Ս	Տ
Ձ	Ս	Գ	Յ	Ւ	A	E	Մ	Ց	Ո	Չ	Ք	Ձ	P
Խ	Ւ	Փ	Մ	Ց	Ց	Ք	Ս	Ե	Թ	Ւ	Կ	Ո	Չ
Ճ	Կ	Ս	Ճ	Օ	E	Շ	Տ	Կ	Ո	Վ	Կ	Ւ	Կ
Թ	Ճ	Ա	Ն	Ա	Գ	Ր	Ե	Ր	Ւ	K	Ր	Կ	Պ
Դ	Ա	A	Ջ	Ո	Ւ	Ր	Ր	Ն	Թ	Ց	Ի	Ա	Թ
Օ	Գ	Վ	Ւ	P	Ւ	E	Ի	Ա	Ա	Շ	Ա	Տ	Խ
Ք	Ա	Է	K	Մ	Ա	Ն	Յ	Ա	Կ	Չ	Յ	Ո	Ճ
Ջ	Ր	E	Չ	Յ	Չ	Վ	Դ	Թ	Չ	Ե	Ծ	Ւ	Յ
Ա	Ն	Ա	Ս	Ն	Ա	Բ	Ո	Ւ	Յ	Ժ	Ի	Փ	Ճ

ՋՈՒՐ
ՃԱՆԱԳՐԵՐ
ՇՈՒՆ
ԱՅԾԻ
ՍՆՈՒՆԴ
ՊՈՉ
ՄԱՆՅԱԿ
ՃԱԳԱՐ
ՀԱՄՍՏԵՐ
ԼԱԿՈՏ
ԿԱՏՈՒ
ՄՈՂԵՍ
ԿՈՎ
ԹՈՒԹԱԿ
ՁՈՒԿ
ԿՐԻԱ
ՄՈՒԿ
ԱՆԱՍՆԱԲՈՒՅԺ

96 - Cucina

Ա	Ն	E	K	Շ	Ժ	Դ	Դ	Ս	Պ	Խ	Պ	Հ	Ջ
P	Ւ	Վ	Ւ	Տ	Ո	Ա	Շ	Ա	Թ	Ղ	Մ	P	Ղ
Հ	Մ	Ը	Ո	Ժ	Է	Ն	Ք	Ռ	Գ	Ց	Գ	H	Բ
Գ	Ա	E	Ւ	K	Ֆ	Ա	A	Ն	Ջ	Ո	Ի	Ո	Ա
Ը	Դ	Մ	Տ	O	Թ	Կ	Բ	Ա	Չ	Կ	Ւ	Է	Ղ
Ձ	Շ	Ա	Ե	Ր	Մ	Ն	Ա	Ր	Ո	Ն	A	Ն	Ա
Թ	Ե	Լ	Լ	Մ	Ր	Ե	Ժ	Ա	Պ	H	Ժ	Ե	Դ
Ե	Ր	Զ	K	Ն	Ո	Ր	Ա	Ն	Ս	Կ	Թ	Խ	Ր
Յ	Ե	Դ	Ռ	E	Ե	Ւ	Կ	Է	Տ	Ո	Գ	Ջ	Ա
Ն	Փ	Ժ	Պ	Տ	Ժ	Ր	Ն	Ր	Ի	Ւ	Ր	Ջ	Տ
Ի	Գ	Ո	Գ	Ն	Ո	Ց	Հ	Ք	Կ	Ժ	Ի	Ե	Ո
Կ	Ս	Պ	Ո	Ւ	Ն	Գ	Հ	Մ	Ն	Ծ	Լ	Ռ	Մ
Ա	Ն	Ձ	Ե	Ռ	Ո	Ց	Ի	Կ	Ե	Ե	E	Ո	Ս
Ս	Ն	Ո	Ւ	Ն	Դ	Ռ	Մ	Մ	Ր	Ո	Ր	Ց	Ը

ՉՈՊՍՏԻԿՆԵՐ
ԹԵՅՆԻԿ
ԿՈՒԺ
ՍՆՈՒՆԴ
ԳՈՒՆԴ
ԴԱՆԱԿՆԵՐ
ԳԴԱԼՆԵՐ
ՋԵՌՈՑ
ՍԱՌՆԱՐԱՆ
ԳՈԳՆՈՑ
ԳՐԻԼ
ՈՒՏԵԼ
ՇԵՐԵՓ
ԲԱՂԱԴՐԱՏՈՄՍԸ
ՀԱՄԵՄՈՒՆՔՆԵՐ
ՍՊՈՒՆԳ
ԲԱԺԱԿ
ԱՆՁԵՌՈՑԻԿ

97 - Vacanze #2

Տ	Ա	Ա	Լ	E	Շ	Ն	Ժ	Մ	Ա	Կ	A	Օ	Ե
Ո	Ն	Ր	Օ	Ե	Չ	H	Վ	Ք	Ղ	Մ	Գ	Շ	Յ
Ն	Ձ	Շ	Դ	Չ	Ռ	Ծ	Ը	Ց	Լ	Ղ	P	Օ	Հ
H	Ն	Ա	Ա	Ժ	Ը	Ն	Մ	Փ	Ծ	Օ	Ը	Տ	Յ
Կ	Ա	Վ	Ն	Մ	Թ	Ձ	Ե	Մ	K	Ծ	Վ	Ա	Ո
Կ	Գ	Ի	Ա	Բ	P	Ր	Ֆ	Ր	Ժ	Վ	Ճ	Ր	Ւ
Ղ	Ի	Ջ	Վ	Ջ	Բ	K	Գ	Ն	Ա	Ց	Ք	Ա	Ր
Ջ	Ր	Ա	Ա	Թ	Է	Ղ	Ձ	Դ	Չ	Լ	Ա	Կ	Ա
Ի	Ի	Ի	Կ	Կ	Խ	Ռ	Ե	Ս	Տ	Ո	Ր	Ա	Ն
Փ	Ո	Խ	Ա	Դ	Ր	Ո	Ւ	Մ	Ա	Ղ	Տ	Ն	Ո
Տ	Լ	Կ	Յ	Վ	Ը	Ծ	Ծ	Ֆ	Ք	Ա	Ե	Հ	Ց
Յ	Ե	Դ	Ա	A	Ր	Մ	Ո	Ը	Ս	Փ	Ջ	Ձ	Օ
Ռ	Խ	Ջ	Ն	Ե	Ց	Ա	Յ	Վ	Ի	Է	Ք	E	K
Ծ	Ո	Ժ	Ֆ	Չ	Ն	P	Ն	Ճ	Ճ	Փ	Ն	Բ	Լ

ՕԴԱՆԱՎԱԿԱՅԱՆ
ԱՐՇԱՎ
ՀՅՈՒՐԱՆՈՑ
ԿՂՋԻ
ՔԱՐՏԵՋ
ԾՈՎ
ԼԵՌՆԵՐ
ԱՆՁՆԱԳԻՐ
ՌԵՍՏՈՐԱՆ
ԼՈՂԱՓ
ՕՏԱՐԱԿԱՆ
ՏԱՔՍԻ
ՎՐԱՆ
ՓՈԽԱԴՐՈՒՄ
ԳՆԱՑՔ
ՏՈՆ
ՎԻԶԱ

98 - Attività

Ա	Կ	Ա	Խ	Ա	Ր	Դ	Ա	Կ	Ա	Ն	Ղ	Ը	Կ
Ր	Ա	Ր	Ն	Ա	Ր	Հ	Ե	Ս	Տ	Ն	Ե	Ր	P
Շ	Ր	Վ	Կ	Հ	Ղ	Տ	Վ	Ւ	Φ	Ճ	E	Ր	Φ
Ա	Ի	Ե	Ա	Մ	Թ	Ե	Շ	Ա	Հ	Ե	Ր	Ը	Կ
Վ	Մ	Ս	Ր	Տ	Ո	P	Ր	Յ	O	Φ	Ո	Ե	Ե
Չ	Ն	Տ	Չ	Ո	Ւ	Ը	Ձ	Կ	Ն	Ո	Ր	Ս	Ր
E	Ս	Պ	Ո	Ւ	Լ	Ն	Հ	Ի	Φ	Մ	Ր	Ղ	Ա
Ր	Խ	Ա	Ւ	Թ	Ա	Թ	Ա	H	Ջ	Խ	Կ	Ս	Մ
Ւ	P	Ր	Թ	Յ	Ց	Ե	Ճ	Է	Տ	Տ	Թ	Ւ	Ի
Լ	Ր	Ջ	Յ	Ո	Ո	Ր	Ո	E	Ր	Խ	Ք	Թ	Կ
Կ	O	Կ	Ո	Ւ	Ւ	Ց	Ւ	K	Յ	Յ	Ր	Ը	Ա
Ե	P	Ծ	Ւ	Ն	Մ	Ո	Յ	Ւ	Է	Ր	Ս	Ց	Թ
Չ	Դ	Յ	Ն	E	Պ	Ւ	Ք	Պ	Խ	O	Ո	Ո	Ծ
Յ	Ս	Վ	Տ	Բ	Մ	Մ	Ջ	Ք	Ց	A	Կ	Ւ	Ո

ՀՄՏՈՒԹՅՈՒՆ
ԱՐՎԵՍՏ
ԱՐՀԵՍՏՆԵՐ
ՈՐՍ
ԱՐՇԱՎ
ԿԵՐԱՄԻԿԱ
ԿԱՐԻ
ՊԱՐ
ԽԱՂԵՐ
ՇԱՀԵՐԸ
ԸՆԹԵՐՑՈՒՄ
ԿԱԽԱՐԴԱԿԱՆ
ՁԿՆՈՐՍ
ՀԱՃՈՒՅՔ
ՆԿԱՐՉՈՒԹՅՈՒՆ
ԹՈՒԼԱՑՈՒՄ

99 - Forniture Artistiche

Ռ	Յ	Բ	A	Ծ	Բ	L	Ս	Պ	Ա	Տ	Կ	Ե	Ր
Թ	Ո	Ւ	Ղ	Թ	Ռ	Ն	A	Յ	Ս	Ե	Ղ	Ա	Ն
K	Ւ	Ջ	Չ	Ն	Գ	Ե	Ջ	Է	Պ	Ս	Խ	Ս	Ք
Գ	Ղ	Ր	Ջ	Պ	Դ	Ր	Տ	Փ	Ր	Ա	Թ	Ո	Ռ
Ո	Ծ	Ա	Ղ	Ղ	Ճ	Կ	Ո	Ի	Ճ	Խ	Ա	Ս	K
Ւ	Ժ	Ն	H	Պ	Ը	Ե	Մ	Ն	Ն	Ց	Ջ	Ի	Ե
Յ	Ջ	Ե	Դ	Ի	Ճ	Ր	Ա	Ւ	Ը	Ի	Ռ	Ն	Յ
Ն	Ո	Ր	Ն	Ժ	A	Ի	Տ	Կ	Ի	Կ	Ճ	Չ	Բ
Ե	Ւ	Կ	Ջ	Թ	Վ	Ժ	Ի	Ք	Ր	O	Չ	Յ	A
Ր	Ր	Ձ	Մ	E	E	A	Տ	Յ	Դ	Ի	Վ	Ց	Ճ
Թ	Ա	Ն	Ա	Ք	Ի	Ծ	Ն	Չ	Ժ	Խ	L	Ձ	Ձ
Փ	Ս	Ց	Ռ	Բ	Վ	Ճ	Ե	Յ	Ո	Չ	Թ	Բ	Կ
Ղ	P	Դ	Ս	Պ	Շ	Է	Ր	L	Ռ	Կ	A	Շ	Ա
Գ	Ա	Ղ	Ա	Փ	Ա	Ր	Ն	Ե	Ր	Ք	Բ	Ռ	Վ

ՋՈՒՐ
ՋՐԱՆԵՐԿ
ԱԿՐԻԼ
ԿԱՎ
ԹՈՒՂԹ
ՊԱՏԿԵՐ
ՍՈՍԻՆՁ
ԳՈՒՅՆԵՐ
ՌԵՏԻՆ
ԳԱՂԱՓԱՐՆԵՐ
ԹԱՆԱՔ
ՄԱՏԻՏՆԵՐ
ՅՈՒՂ
ԱԹՈՌ
ՍԵՂԱՆ
ՏԵՍԱԽՑԻԿ
ՆԵՐԿԵՐ

100 - Misurazioni

Ե	Ր	Կ	Ա	Ր	Ո	Ւ	Թ	Յ	Ո	Ւ	Ն	Ծ	Կ
Կ	Ի	Լ	Ո	Գ	Ր	Ա	Մ	Ճ	Ջ	Ո	Բ	Ա	Ի
Ֆ	Ե	Ը	Ո	A	Ռ	Ց	E	Ց	Չ	Ւ	Ա	Վ	Լ
Տ	Ա	Ս	Ն	Ո	Ր	Դ	Ա	Կ	Ա	Ն	Ր	Ա	Ո
Օ	Ճ	Ղ	Պ	Ռ	Հ	Ց	Ց	Լ	Ծ	Ց	Ձ	Լ	Մ
Հ	Ս	Ա	Ն	Տ	Ի	Մ	Ե	Տ	Ր	Ի	Ր	Ը	Ե
Խ	Ո	Ր	Ո	Ւ	Թ	Յ	Ո	Ւ	Ն	Ա	Ո	Ք	Տ
Դ	Յ	Ո	Ւ	Յ	Մ	Յ	Ջ	Ջ	Ը	Ս	Ւ	Ա	Ր
Մ	Ի	Գ	Բ	Ա	Յ	Տ	Ա	Վ	Խ	Տ	Թ	Շ	Բ
Խ	Ե	Տ	Ր	E	Լ	Լ	Ի	Տ	Ր	Ի	Յ	Ը	Թ
E	Փ	Տ	Ո	Ա	Շ	Ֆ	Կ	Բ	Ո	Ճ	Ո	Ի	Կ
Ա	Փ	Ժ	Ր	Ն	Մ	Լ	H	A	Պ	Ա	Ւ	Է	Ք
Մ	Հ	Ղ	Ը	Շ	Ն	Լ	Ի	Ֆ	Ե	Ն	Ն	Ղ	Դ
Խ	Ս	Ղ	P	Վ	Փ	Ա	Ծ	Ի	Պ	Ժ	Ը	Ն	H

ԲԱՐՁՐՈՒԹՅՈՒՆԸ
ԲԱՅՏ
ՍԱՆՏԻՄԵՏՐ
ԿԻԼՈԳՐԱՄ
ԿԻԼՈՄԵՏՐ
ՏԱՍՆՈՐԴԱԿԱՆ
ԱՍՏԻՃԱՆ
ԳՐԱՄ
ԼԻՏՐ
ԵՐԿԱՐՈՒԹՅՈՒՆ
ՄԵՏՐ
ՐՈՊԵ
ՈՒՆՑԻԱ
ՔԱՇԸ
ԴՅՈՒՅՄ
ԽՈՐՈՒԹՅՈՒՆ
ՏՈՆՆԱ
ԾԱՎԱԼԸ

1 - Scacchi

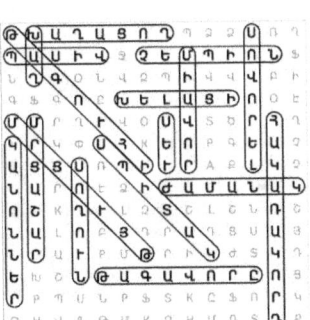

2 - Aggettivi #2

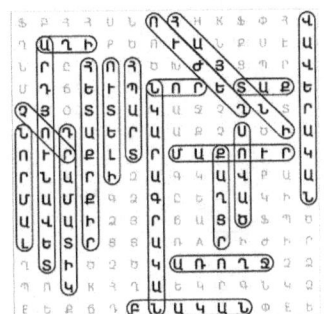

3 - Mobili

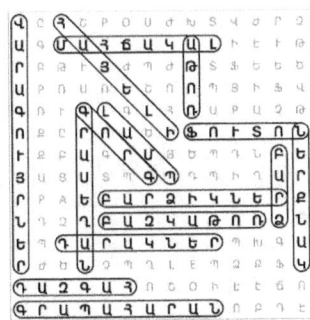

4 - Pesca

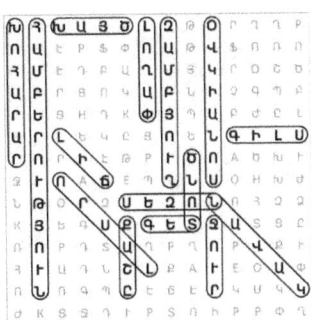

5 - Aggettivi #1

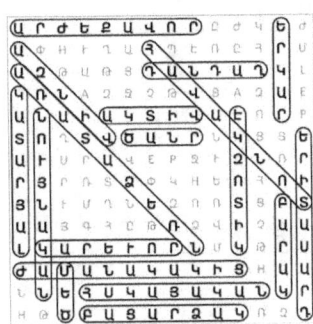

6 - Geologia

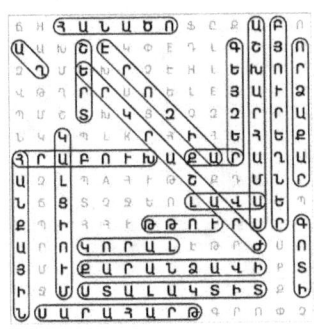

7 - Campeggio

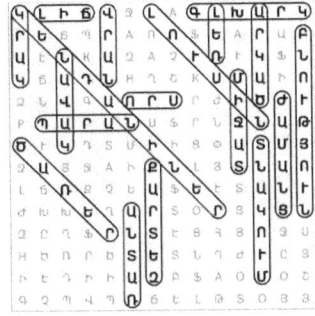

8 - Arti Visive

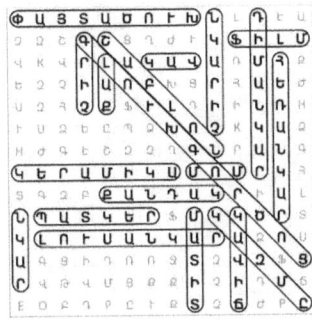

9 - Tempo

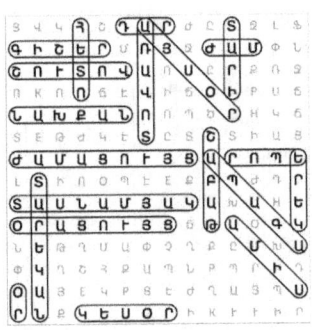

10 - Autunno

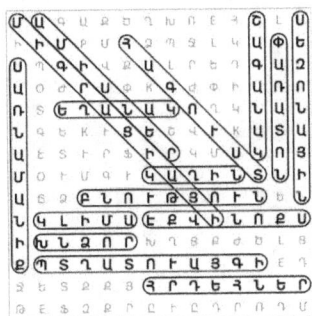

11 - Astronomia

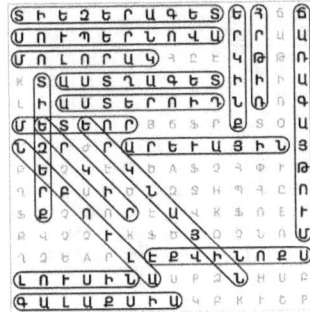

12 - Circo

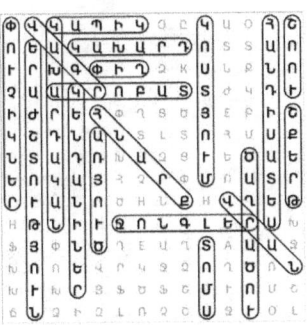

13 - Mitologia

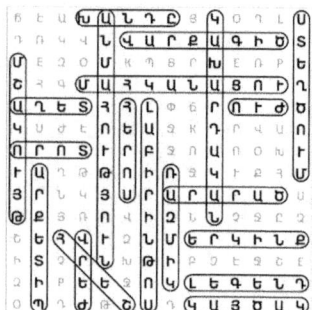

14 - Piante

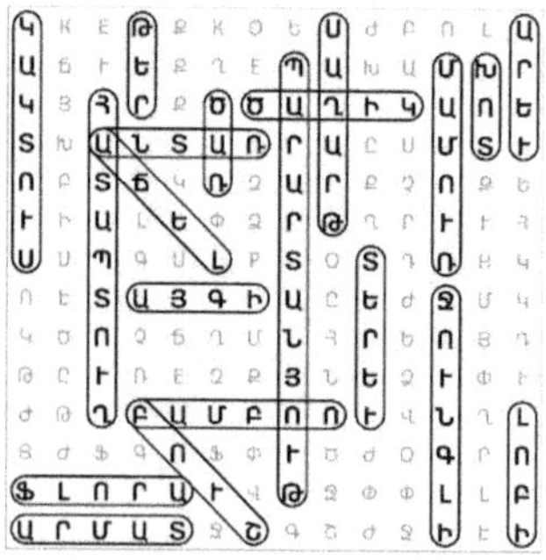

15 - Spezie

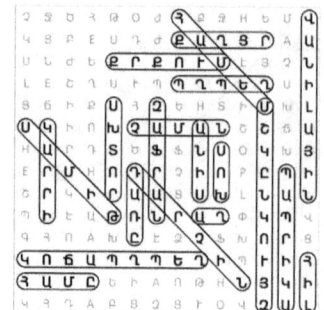

16 - Numeri

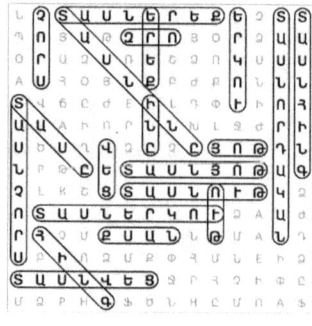

17 - Cioccolato

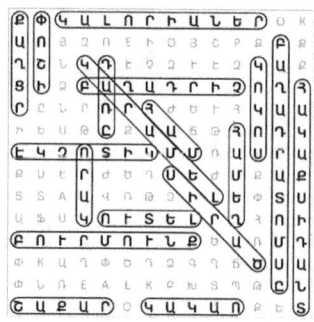

18 - Guida

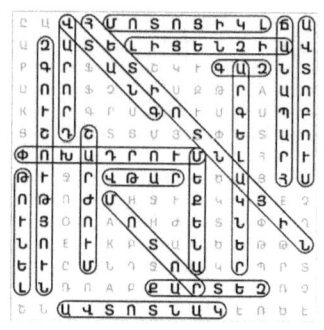

19 - Sport

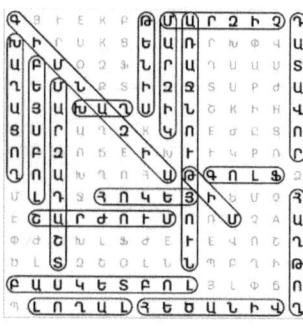

20 - Giocattoli

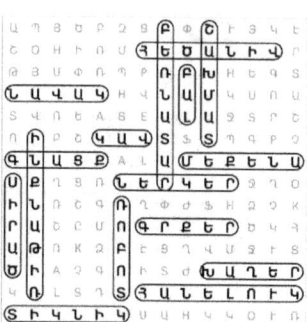

21 - Uccelli

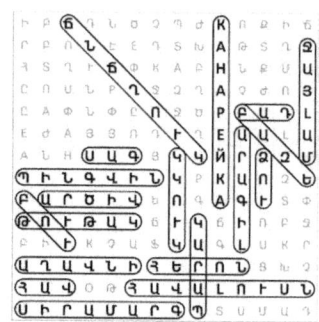

22 - Giorni e Mesi

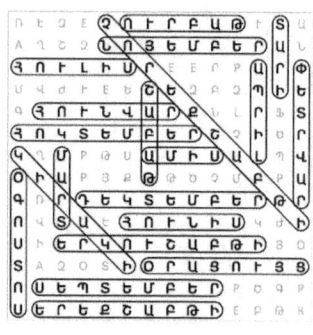

23 - Casa

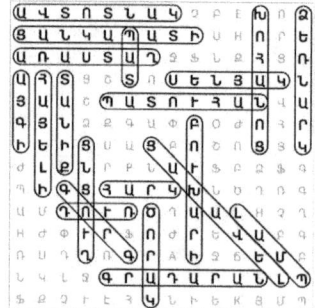

24 - Ristorante #1

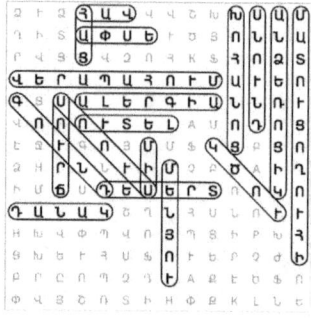

25 - Fantascienza

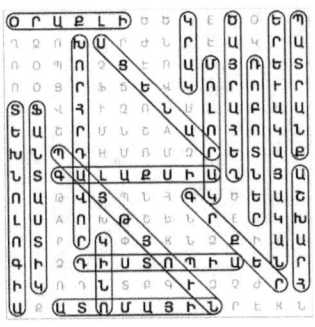

26 - Città

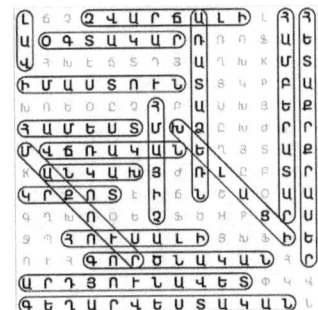

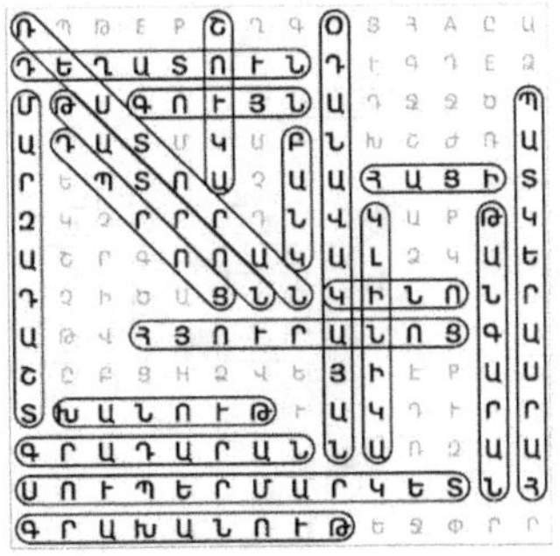

27 - Virtù #1

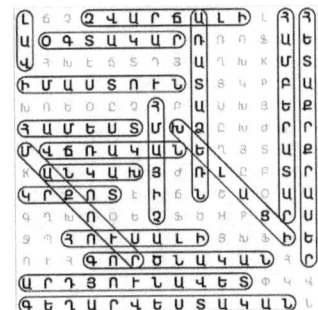

28 - Compleanno

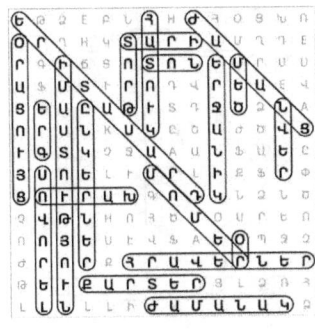

29 - Fattoria #1

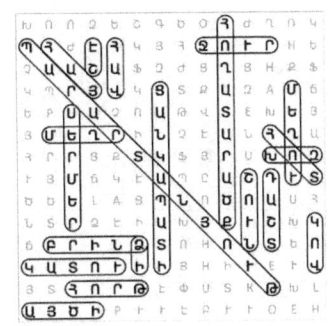

30 - Paesaggi

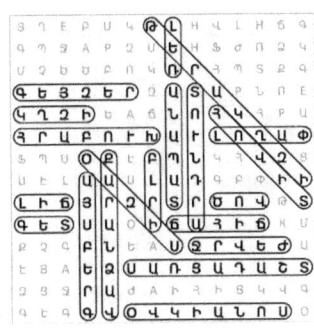

31 - Ristorante #2

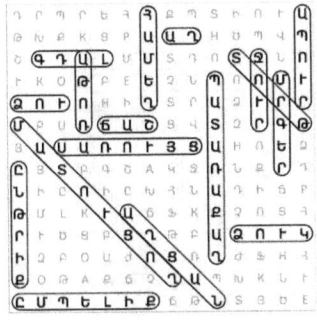

32 - Giardino

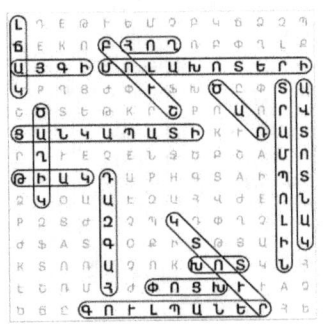

33 - Frutta

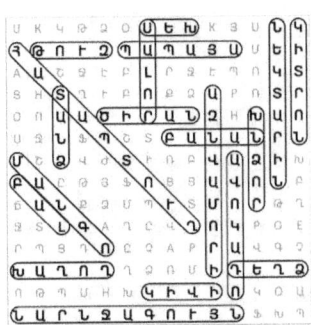

34 - Fattoria #2

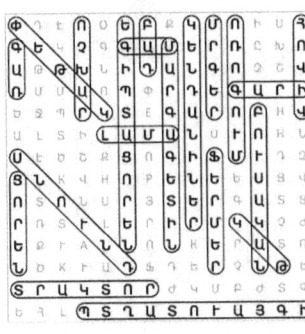

35 - Dinosauri

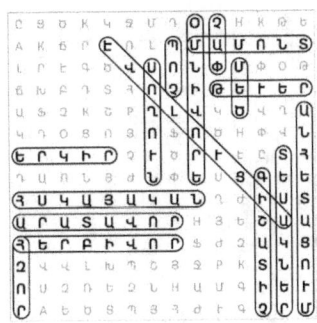

36 - Verdure

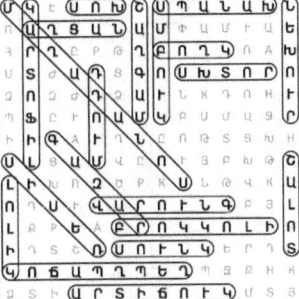

37 - Scuola #2

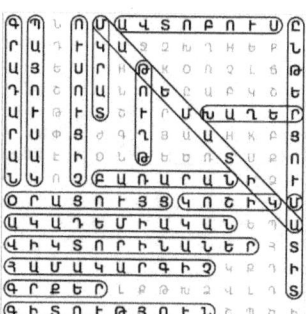

38 - Barbecue

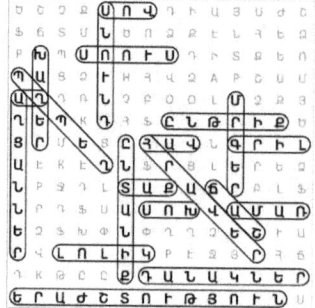

39 - Riempire

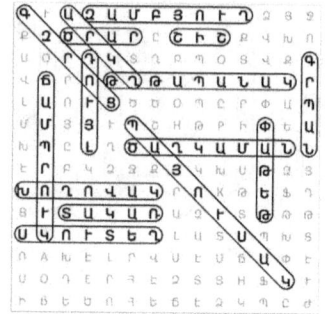

40 - Insetti

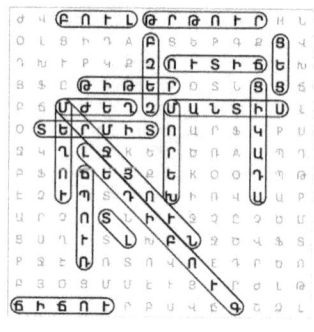

41 - Erboristeria

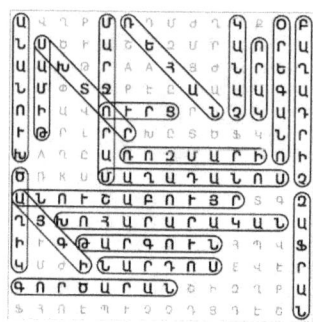

42 - Danza

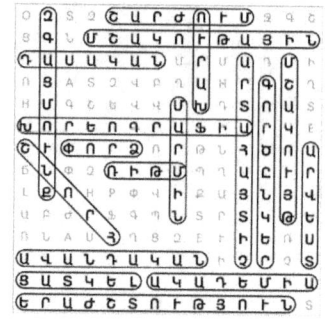

43 - Commedia

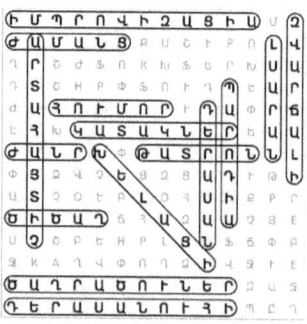

44 - Scuola #1

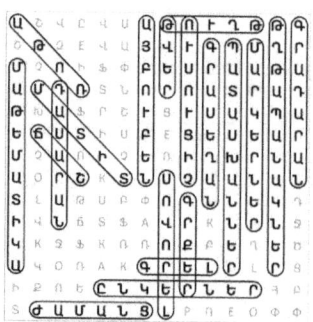

45 - Fiori

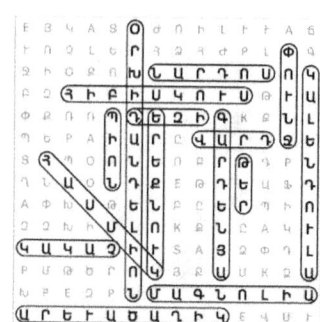

46 - Ecologia

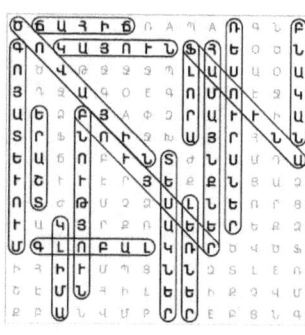

47 - Discipline Scientifiche

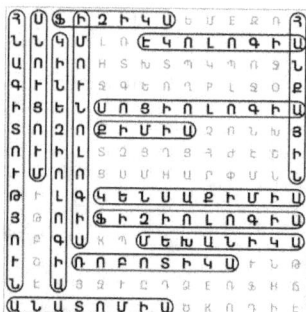

48 - Scienza

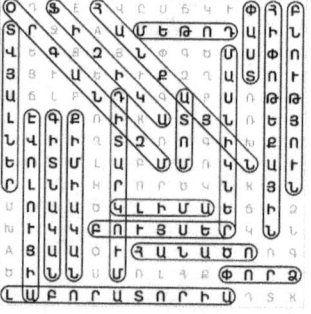

49 - Acqua

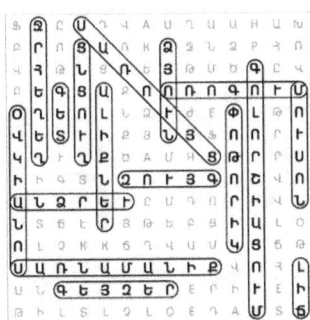

50 - Gatti

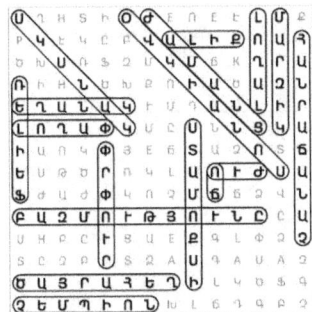

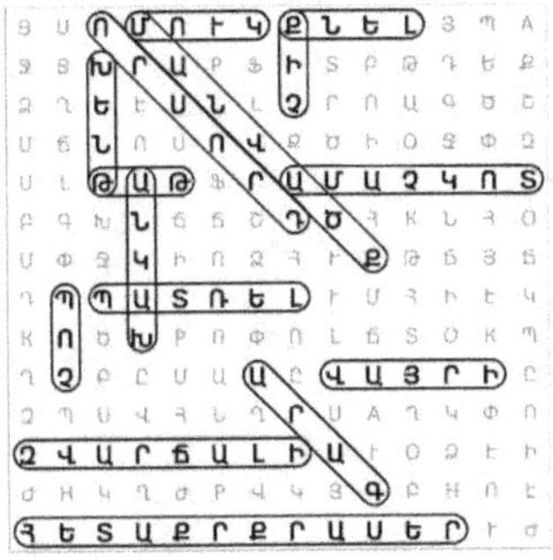

51 - Surf

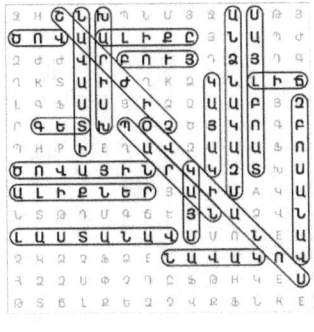

52 - Imbarcazioni

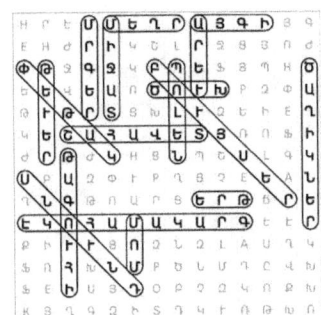

53 - Api

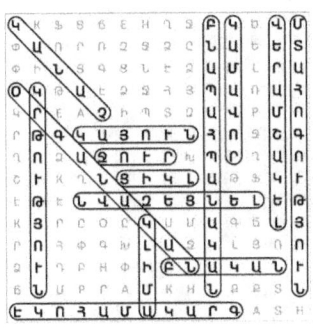

54 - Conservazione

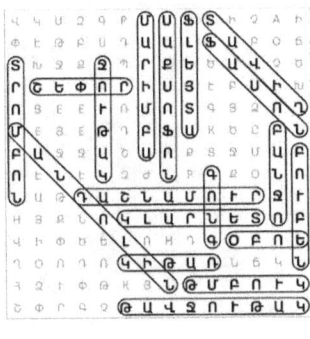

55 - Strumenti Musicali

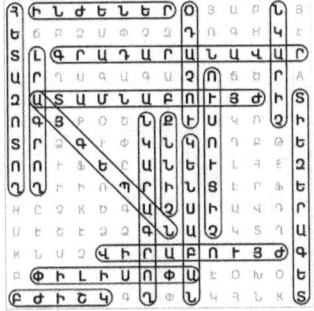

56 - Professioni #2

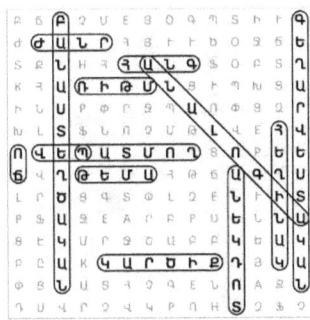

57 - Letteratura

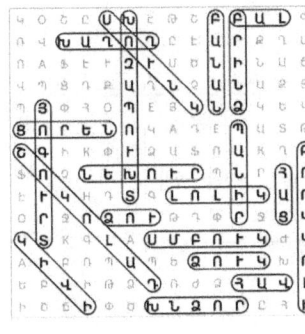

58 - Cibo #2

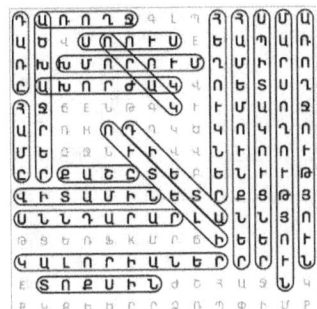

59 - Nutrizione

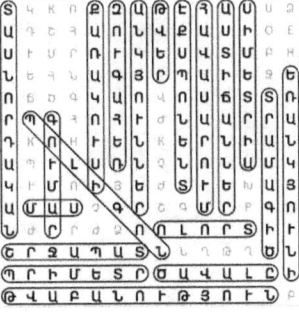

60 - Matematica

61 - Vacanza #1

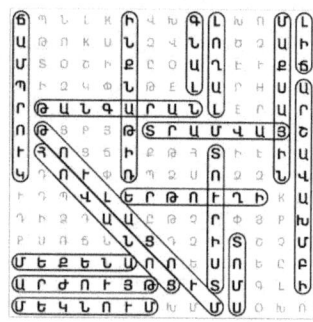

62 - Bagno

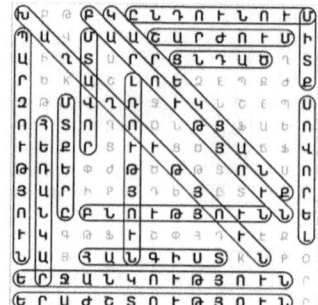

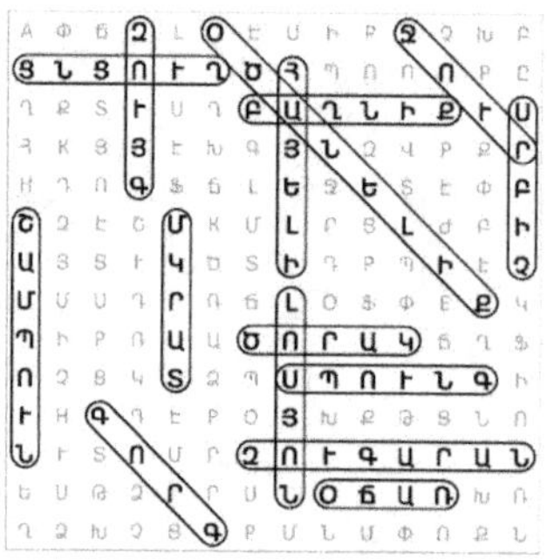

63 - Meditazione

64 - Estate

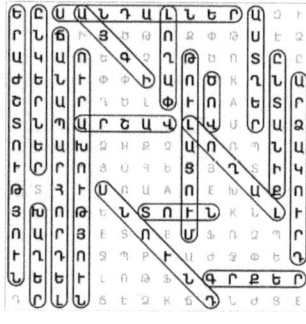

65 - Escursionismo

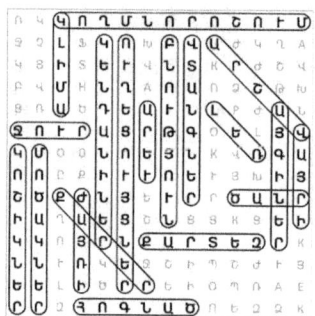

66 - Professioni #1

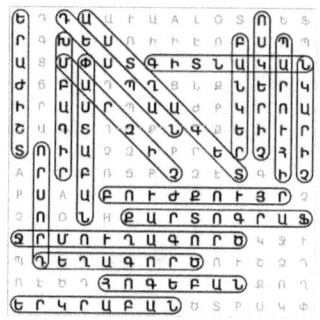

67 - Antartide

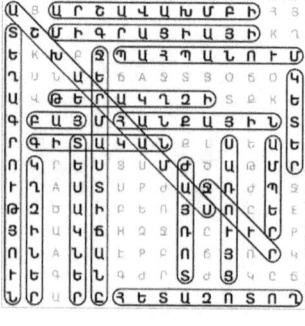

68 - Libri

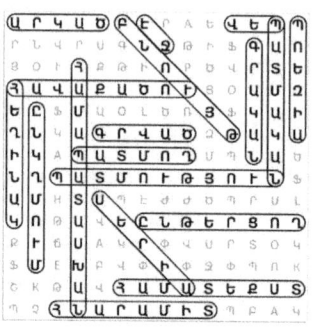

69 - Geografia

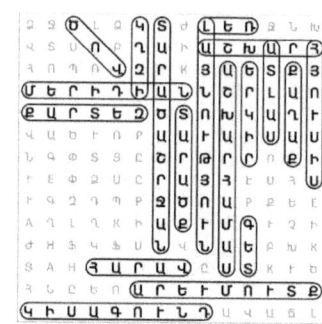

70 - Cibo #1

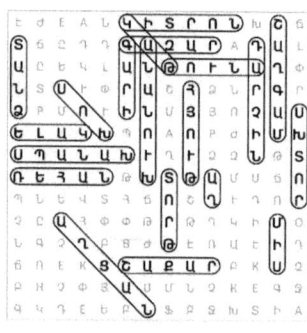

71 - Aeroplani

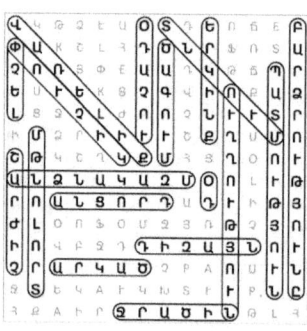

72 - Pirati

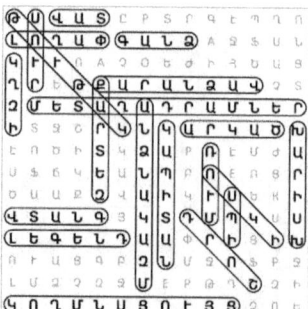

73 - Spiaggia

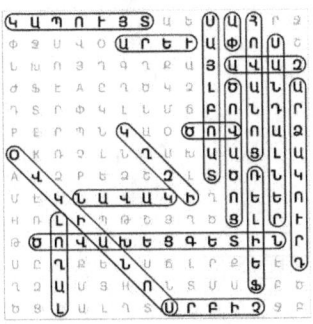

74 - Forme

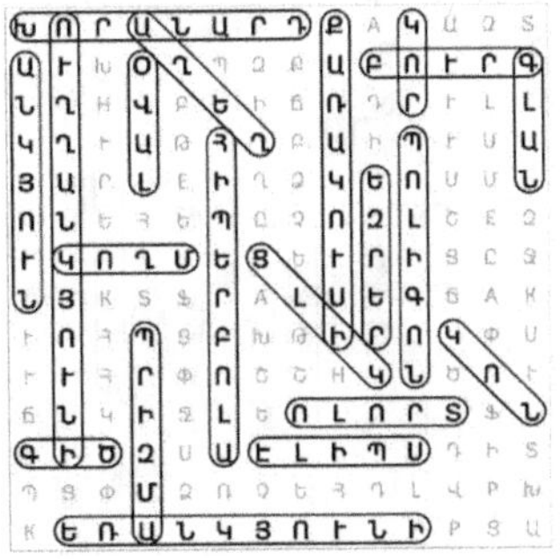

75 - Oceano

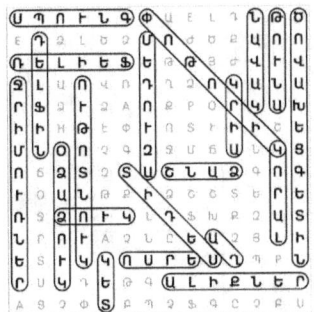

76 - Famiglia

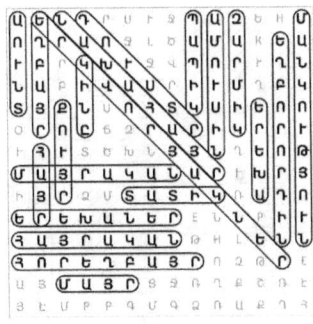

77 - Veicoli

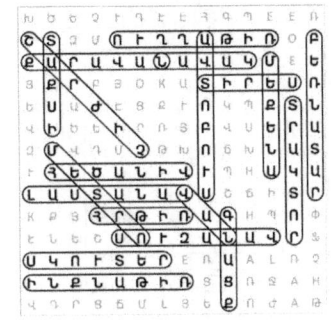

78 - Emozioni

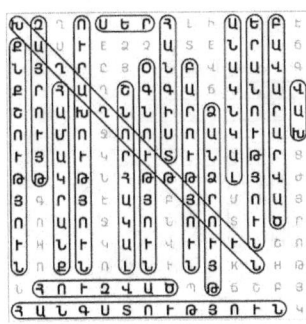

79 - Natura

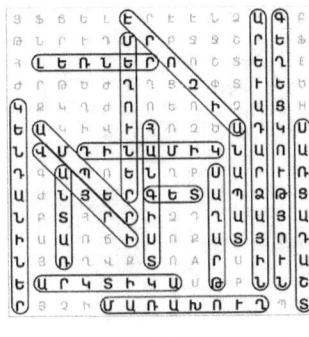

80 - Balletto

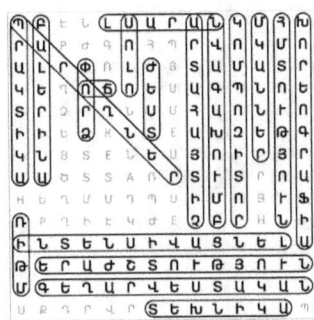

81 - Castelli

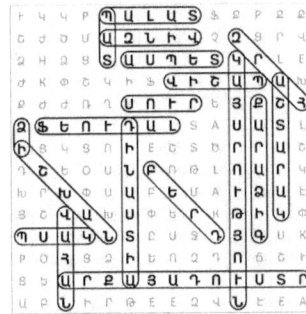

82 - Campionato

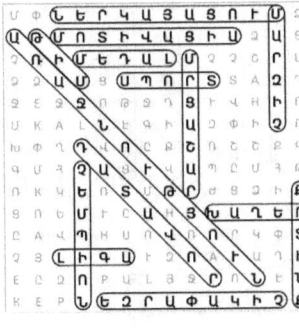

83 - Foresta Pluviale

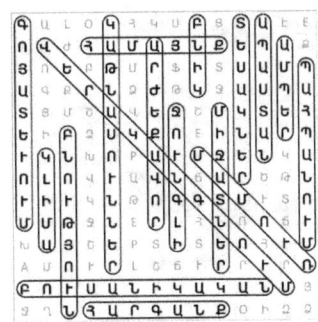

84 - Edifici

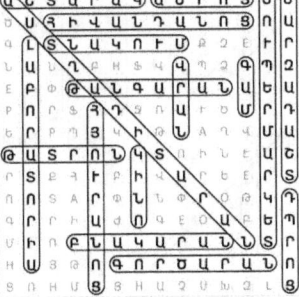

85 - Paesi #2

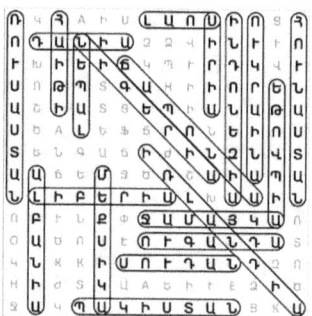

86 - Tipi di Capelli

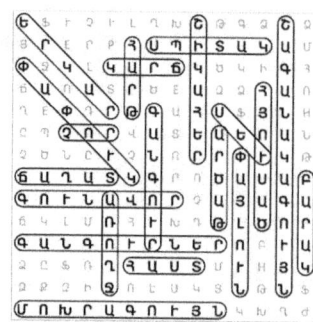

87 - Vestiti

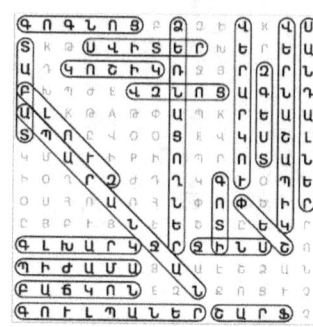

88 - Attività e Tempo Libero

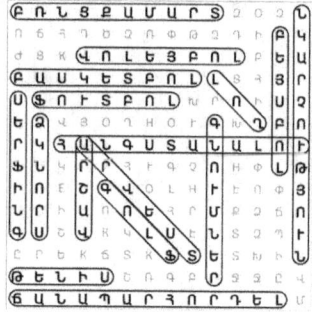

89 - Tecnologia

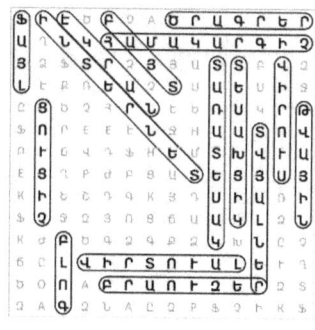

90 - Arte

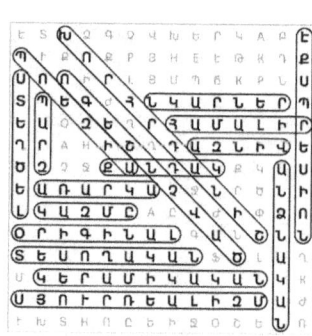

91 - Meteo

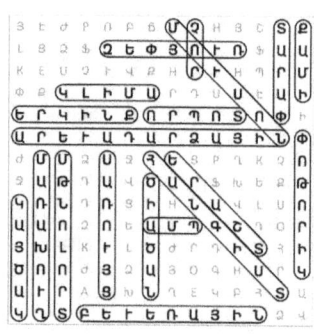

92 - Corpo Umano

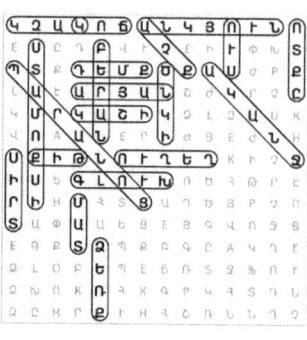

93 - Mammiferi

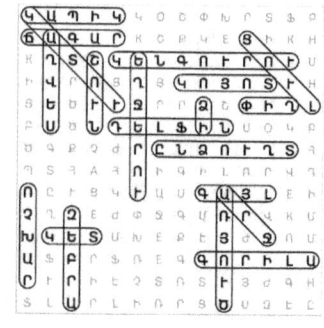

94 - Arrampicata

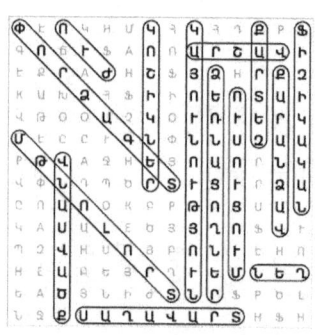

95 - Animali Domestici

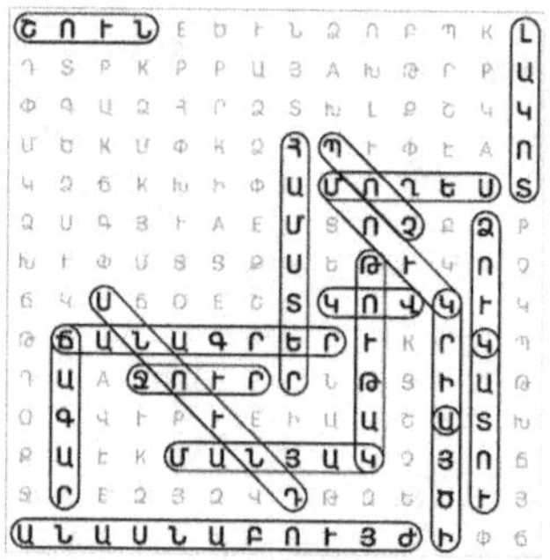

96 - Cucina

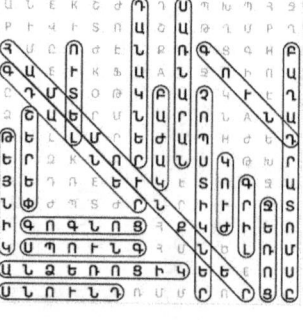

97 - Vacanze #2

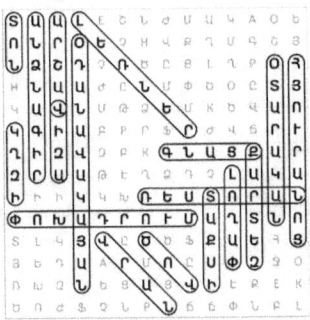

98 - Attività

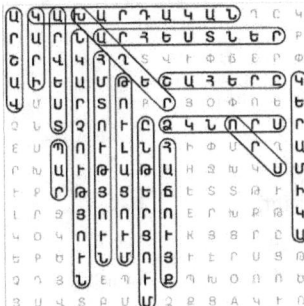

99 - Forniture Artistiche

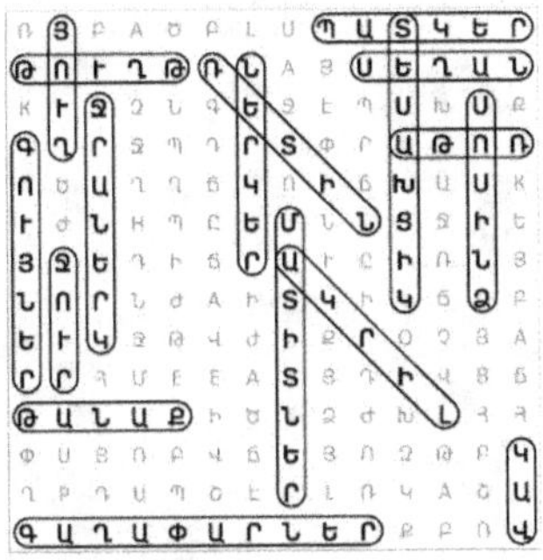

100 - Misurazioni

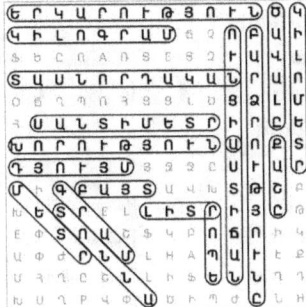

Dizionario

Acqua
Ջուր

Alluvione	Ջրհեղեղ
Doccia	Ցնցուղ
Evaporazione	Գոլորշիացում
Fiume	Գետ
Gelo	Սառնամանիք
Geyser	Գեյզեր
Ghiaccio	Սառույց
Irrigazione	Ոռոգում
Lago	Լիճ
Monsone	Մուսսոն
Neve	Ձյուն
Oceano	Օվկիանոս
Onde	Ալիքներ
Pioggia	Անձրեւ
Umidità	Խոնավություն
Umidità	Խոնավություն
Uragano	Փոթորիկ
Vapore	Ձույգ

Aeroplani
Ինքնաթիռներ

Altezza	Բարձրությունը
Aria	Օդ
Atmosfera	Մթնոլորտ
Atterraggio	Տնկում
Avventura	Արկած
Carburante	Վառելիք
Cielo	Երկինք
Costruzione	Շինարարական
Design	Դիզայն
Direzione	Ուղղություն
Discesa	Ծագում
Equipaggio	Անձնակազմ
Gonfiare	Փչել
Idrogeno	Ջրածին
Motore	Շարժիչ
Palloncino	Փուչիկ
Passeggero	Անցորդ
Pilota	Օդաչու
Storia	Պատմություն
Turbolenza	Անհանգիստ

Aggettivi #1
Ածականներ #1

Ambizioso	Հավակնոտ
Aromatico	Անուշաբույր
Artistico	Գեղարվեստական
Assoluto	Բացարձակ
Attivo	Ակտիվ
Enorme	Հսկայական
Esotico	Էկզոտիկ
Generoso	Առատաձեռն
Giovane	Երիտասարդ
Grande	Մեծ
Identico	Նույնական
Importante	Կարեւոր
Lento	Դանդաղ
Lungo	Երկար
Moderno	Ժամանակակից
Onesto	Ազնիվ
Perfetto	Կատարյալ
Pesante	Ծանր
Prezioso	Արժեքավոր
Sottile	Բարակ

Aggettivi #2
Ածականներ #2

Affamato	Սոված
Asciutto	Չոր
Autentico	Վավերական
Caldo	Տաք
Commestibile	Ուտելի
Descrittivo	Նկարագրական
Dolce	Քաղցր
Drammatico	Դրամատիկ
Famoso	Հայտնի
Forte	Ուժեղ
Interessante	Հետաքրքիր
Naturale	Բնական
Normale	Նորմալ
Nuovo	Նոր
Orgoglioso	Հպարտ
Produttivo	Արդյունավետ
Puro	Մաքուր
Responsabile	Պատասխանատու
Salato	Աղի
Sano	Առողջ

Animali Domestici
Կենդանիներ

Acqua	Ջուր
Artigli	Ճանագրեր
Cane	Շուն
Capra	Այծի
Cibo	Սնունդ
Coda	Պոչ
Collare	Մանյակ
Coniglio	Ճագար
Criceto	Համստեր
Cucciolo	Լակոտ
Gatto	Կատու
Lucertola	Մողես
Mucca	Կով
Pappagallo	Թութակ
Pesce	Ձուկ
Tartaruga	Կրիա
Topo	Մուկ
Veterinario	Անասնաբույժ

Antartide
Անտարկտիկա

Acqua	Ջուր
Baia	Բայ
Balene	Կետեր
Conservazione	Պահպանում
Continente	Աշխարհամաս
Ghiacciai	Սառցադաշտեր
Ghiaccio	Սառույց
Isole	Կղզիներ
Migrazione	Միգրացիայի
Minerali	Հանքային
Nuvole	Ամպեր
Penisola	Թերակղզի
Ricercatore	Հետազոտող
Roccioso	Ժայռոտ
Scientifico	Գիտական
Specie	Տեսակներ
Spedizione	Արշավախմբի
Temperatura	Ջերմաստիճանը
Topografia	Տեղագրություն
Uccelli	Թռչուններ

Api

Մեղուները

Ali	Թեւեր
Alveare	Փեթակ
Benefico	Շահավետ
Cera	Մոմ
Cibo	Սնունդ
Ecosistema	Էկոհամակարգ
Fiori	Ծաղիկներ
Frutta	Մրգեր
Fumo	Ծուխ
Giardino	Այգի
Insetto	Միջատ
Miele	Մեղր
Piante	Բույսեր
Polline	Պոլեն
Regina	Թագուհի
Sciame	Երբ
Sole	Արեւ

Arrampicata

Նվաճելով

Altitudine	Բարձրությունը
Atmosfera	Մթնոլորտ
Casco	Սաղավարտ
Escursioni	Արշավ
Esperto	Փորձագետ
Fisico	Ֆիզիկական
Formazione	Ուսուցում
Forza	Ուժ
Grotta	Քարանձավ
Guanti	Ձեռնացողներ
Guide	Ուղեցույցներ
Lesione	Վնասվածք
Mappa	Քարտեզ
Stabilità	Կայունություն
Stivali	Կոշիկներ
Stretto	Նեղ

Arte

Արվեստ

Ceramica	Կերամիկական
Complesso	Համալիր
Composizione	Կազմը
Creare	Ստեղծել
Dipinti	Նկարներ
Espressione	Էքսպրեսիոն
Ispirato	Ոգեշնչված
Onesto	Ազնիվ
Originale	Օրիգինալ
Personale	Անձնական
Poesia	Պոեզիա
Scultura	Քանդակ
Semplice	Պարզ
Simbolo	Խորհրդանիշ
Soggetto	Առարկա
Surrealismo	Սյուրռեալիզմ
Visivo	Տեսողական

Arti Visive

Տեսողական Արվեստ

Argilla	Կավ
Artista	Նկարիչ
Capolavoro	Գլուխգործոց
Carbone	Փայտածուխ
Cavalletto	Պատկեր
Cera	Մոմ
Ceramica	Կերամիկա
Composizione	Կազմը
Film	Ֆիլմ
Fotografia	Լուսանկար
Gesso	Կավիճ
Matita	Մատիտ
Penna	Գրիչ
Pittura	Նկար
Prospettiva	Հեռանկար
Ritratto	Դիմանկար
Scultura	Քանդակ
Stampino	Շաբլոն
Vernice	Լաք

Astronomia

Աստղագիտություն

Asteroide	Աստերոիդ
Astronauta	Տիեզերագետ
Astronomo	Աստղագետ
Celeste	Երկնային
Cielo	Երկինք
Equinozio	Էքվինոքս
Galassia	Գալաքսիա
Luna	Լուսին
Meteora	Մետեոր
Nebulosa	Նեբուլա
Osservatorio	Աստղադիտարան
Pianeta	Մոլորակ
Radiazione	Ճառագայթում
Razzo	Հրթիռ
Solare	Արեւային
Supernova	Սուպերնովա
Telescopio	Հեռադիտակ
Terra	Երկիր
Universo	Տիեզերք
Zodiaco	Կենդանկանդակ

Attività

Գործունեություն

Abilità	Հմտություն
Arte	Արվեստ
Artigianato	Արհեստներ
Caccia	Որս
Campeggio	Արշավ
Ceramica	Կերամիկա
Cucire	Կարի
Danza	Պար
Giochi	Խաղեր
Interessi	Շահերը
Lettura	Ընթերցում
Magia	Կախարդական
Pesca	Ձկնորս
Piacere	Հաճույք
Pittura	Նկարչություն
Rilassamento	Թուլացում

Attività e Tempo Libero

Գործունեություն և Ժամանց

Arte	Արվեստ
Baseball	Բեյսբոլ
Basket	Բասկետբոլ
Boxe	Բռնցքամարտ
Calcio	Ֆուտբոլ
Campeggio	Արշավ
Golf	Գոլֆ
Nuoto	Լող
Pallavolo	Վոլեյբոլ
Pesca	Ձկնորս
Pittura	Նկարչություն
Rilassante	Հանգստանալու
Shopping	Գնումներ
Surf	Սերֆինգ
Tennis	Թենիս
Viaggio	Ճանապարհորդել

Autunno

Աշուն

Abbigliamento	Հագուստ
Castagne	Շագանակ
Clima	Կլիմա
Equinozio	Էքվինոքս
Festival	Փառատոն
Frutteto	Պտղատու Այգի
Gelo	Սառնամանիք
Ghianda	Կաղին
Incendi	Հրդեհներ
Mele	Խնձոր
Mesi	Ամիսներ
Meteo	Եղանակ
Migrazione	Միգրացիայի
Natura	Բնություն
Stagionale	Սեզոնային

Bagno

Լողասենյակ

Acqua	Ջուր
Asciugamano	Սրբիչ
Bagno	Բաղնիք
Doccia	Ցնցուղ
Forbici	Մկրատ
Gabinetto	Զուգարան
Lozione	Լոսյոն
Profumo	Օծանելիք
Rubinetto	Ծորակ
Sapone	Օճառ
Shampoo	Շամպուն
Specchio	Հայելի
Spugna	Սպունգ
Tappeto	Գորգ
Vapore	Զույգ

Balletto

Բալետ

Abilità	Հմտություն
Artistico	Գեղարվեստական
Assolo	Սոլո
Ballerina	Բալերինա
Ballerini	Պարողներ
Compositore	Կոմպոզիտոր
Coreografia	Խորեոգրաֆիա
Espressivo	Արտահայտիչ
Gesto	Ժեստ
Intensità	Ինտենսիվացնել
Muscoli	Մկաններ
Musica	Երաժշտություն
Orchestra	Նվագախումբ
Pratica	Պրակտիկա
Prova	Փորձ
Pubblico	Լսարան
Ritmo	Ռիթմ
Stile	Ոճ
Tecnica	Տեխնիկա

Barbecue

Խորոված

Caldo	Տաք
Cena	Ընթրիք
Cibo	Սնունդ
Cipolle	Սոխ
Coltelli	Դանակներ
Estate	Ամառ
Fame	Սով
Famiglia	Ընտանիք
Frutta	Մրգեր
Giochi	Խաղեր
Griglia	Գրիլ
Insalate	Աղցաններ
Invito	Հրավեր
Musica	Երաժշտություն
Pepe	Պղպեղ
Pollo	Հավ
Pomodori	Լոլիկ
Pranzo	Ճաշ
Sale	Աղ
Salsa	Սոուս

Campeggio

Արշավ

Alberi	Ծառեր
Animali	Կենդանիներ
Avventura	Արկած
Bussola	Կողմնացույց
Cabina	Տնակում
Caccia	Որս
Canoa	Նավակ
Cappello	Գլխարկ
Corda	Պարան
Divertimento	Ժամանց
Foresta	Անտառ
Fuoco	Կրակ
Insetto	Միջատ
Lago	Լիճ
Luna	Լուսին
Mappa	Քարտեզ
Montagna	Լեռ
Natura	Բնություն
Tenda	Վրան

Campionato

Առաջնություն

Allenatore	Մարզիչ
Campionato	Առաջնություն
Campione	Չեմպիոն
Finalista	Եզրափակիչ
Giochi	Խաղեր
Giudice	Դատավոր
Lega	Լիգա
Medaglia	Մեդալ
Motivazione	Մոտիվացիա
Prestazione	Ներկայացում
Resistenza	Տոկունություն
Sportivo	Սպորտ
Squadra	Թիմ
Sudore	Քրտինք
Torneo	Մրցաշար
Vittoria	Հաղթանակ

Casa

Տուն

Attico	Ձեռնարկ
Biblioteca	Գրադարան
Camera	Սենյակ
Camino	Բուխարի
Cucina	Խոհանոց
Doccia	Ցնցուղ
Finestra	Պատուհան
Garage	Ավտոտնակ
Giardino	Այգի
Lampada	Լամպ
Parete	Պատ
Pavimento	Հարկ
Porta	Դուռ
Recinto	Ցանկապատի
Rubinetto	Ծորակ
Scopa	Ցախավել
Soffitto	Առաստաղ
Specchio	Հայելի
Tappeto	Գորգ
Tetto	Տանիք

Castelli

Բերդեր

Armatura	Զրահ
Catapulta	Քարաձիգ
Cavaliere	Ասպետ
Cavallo	Ձի
Corona	Պսակ
Dinastia	Դինաստիա
Drago	Վիշապ
Feudale	Ֆեուդալ
Fortezza	Բերդ
Impero	Կայսրություն
Nobile	Ազնիվ
Palazzo	Պալատ
Parete	Պատ
Principe	Իշխան
Principessa	Արքայադուստր
Scudo	Վահան
Spada	Սուր
Torre	Աշտարակ
Unicorno	Միաեղջյուր

Cibo #1

Սնունդ #1

Aglio	Սխտոր
Basilico	Ռեհան
Cannella	Դարչին
Carne	Միս
Carota	Գազար
Cipolla	Սոխ
Fragola	Ելակ
Insalata	Աղցան
Latte	Կաթ
Limone	Կիտրոն
Menta	Անանուխ
Orzo	Գարի
Pera	Տանձ
Rapa	Շաղգամ
Sale	Աղ
Spinaci	Սպանախ
Succo	Հյութ
Tonno	Թունա
Torta	Տորթ
Zucchero	Շաքար

Cibo #2

Սնունդ #2

Banana	Բանան
Broccolo	Բրոկկոլի
Ciliegia	Բալ
Cioccolato	Շոկոլադ
Formaggio	Պանիր
Fungo	Սունկ
Grano	Ցորեն
Kiwi	Կիվի
Mela	Խնձոր
Melanzana	Սմբուկ
Pane	Հաց
Pesce	Ձուկ
Pollo	Հավ
Pomodoro	Լոլիկ
Prosciutto	Խոզապուխտ
Riso	Բրինձ
Sedano	Նեխուր
Uovo	Ձու
Uva	Խաղող
Yogurt	Յոգուրտ

Cioccolato

Շոկոլադ

Amaro	Դառը
Antiossidante	Հակաքսիդանտ
Aroma	Բուրմունք
Cacao	Կակաո
Calorie	Կալորիաներ
Caramello	Կարամել
Delizioso	Համեղ
Dolce	Քաղցր
Esotico	Էկզոտիկ
Gusto	Համ
Ingrediente	Բաղադրիչ
Mangiare	Ուտել
Noce di Cocco	Կոկոս
Polvere	Փոշի
Preferito	Սիրած
Qualità	Որակ
Ricetta	Բաղադրատոմսը
Zucchero	Շաքար

Circo

Կրկեսի

Acrobata	Ակրոբատ
Animali	Կենդանիներ
Biglietto	Տոմս
Clown	Ծաղրածու
Costume	Կոստյում
Elefante	Փիղ
Giocoliere	Ջոնգլեր
Leone	Առյուծ
Magia	Կախարդական
Mago	Կախարդ
Mostrare	Շոու
Musica	Երաժշտություն
Palloncini	Փուչիկներ
Parata	Շքերթ
Scimmia	Կապիկ
Spettatore	Հանդիսատես
Tenda	Վրան
Tigre	Վագր
Trucco	Հնարք

Città

Քաղաք

Aeroporto	Օդանավակայան
Banca	Բանկ
Biblioteca	Գրադարան
Cinema	Կինո
Clinica	Կլինիկա
Farmacia	Դեղատուն
Fiorista	Գույն
Galleria	Պատկերասրահ
Hotel	Հյուրանոց
Libreria	Գրախանութ
Mercato	Շուկա
Museo	Թանգարան
Negozio	Խանութ
Panetteria	Հացի
Ristorante	Ռեստորան
Scuola	Դպրոց
Stadio	Մարզադաշտ
Supermercato	Սուպերմարկետ
Teatro	Թատրոն
Università	Համալսարան

Commedia

Կատակերգություն

Attore	Դերասան
Attrice	Դերասանուհի
Clown	Ծաղրածուներ
Divertente	Զվարճալի
Divertimento	Ժամանց
Espressivo	Արտահայտիչ
Genere	Ժանր
Improvvisazione	Իմպրովիզացիա
Intelligente	Խելացի
Parodia	Պարոդիա
Pubblico	Լսարան
Risata	Ծիծաղ
Scherzi	Կատակներ
Teatro	Թատրոն
Umorismo	Հումոր

Compleanno

Ծննդյան Օր

Amici	Ընկերներ
Anno	Տարի
Calendario	Օրացույց
Candele	Մոմեր
Canzone	Երգ
Carte	Քարտեր
Celebrazione	Տոն
Divertimento	Ժամանց
Felice	Երջանիկ
Gioioso	Ուրախ
Giorno	Օր
Giovane	Երիտասարդ
Grande	Մեծ
Inviti	Հրավերներ
Per Imparare	Սովորել
Regalo	Նվեր
Saggezza	Իմաստություն
Speciale	Հատուկ
Tempo	Ժամանակ
Torta	Տորթ

Conservazione

Պահպանություն

Acqua	Ջուր
Ambientale	Բնապահպանական
Ciclo	Ցիկլ
Clima	Կլիմա
Ecosistema	Էկոհամակարգ
Educazione	Կրթություն
Naturale	Բնական
Organico	Օրգանական
Preoccupazione	Մտահոգություն
Riciclare	Վերամշակել
Ridurre	Նվազեցնել
Salute	Առողջություն
Sostenibile	Կայուն
Verde	Կանաչ
Volontario	Կամավոր

Corpo Umano

Մարդու Մարմին

Bocca	Բերան
Caviglia	Կոճ
Cervello	Ուղեղ
Collo	Պարանոց
Cuore	Սիրտ
Dito	Մատ
Faccia	Դեմք
Gamba	Ոտքը
Ginocchio	Ծնկի
Gomito	Անկյուն
Mano	Ձեռք
Mento	Կզակ
Naso	Քիթ
Occhio	Աչք
Orecchio	Ականջ
Pelle	Կաշի
Sangue	Արյան
Spalla	Ուս
Stomaco	Ստամոքսի
Testa	Գլուխ

Cucina

Խոհանոց

Bacchette	Զոպստիկներ
Bollitore	Թեյնիկ
Brocca	Կուժ
Cibo	Սնունդ
Ciotola	Գունդ
Coltelli	Դանակներ
Cucchiai	Գդալներ
Forno	Ջեռոց
Frigorifero	Սառնարան
Grembiule	Գոգնոց
Griglia	Գրիլ
Mangiare	Ուտել
Mestolo	Շերեփ
Ricetta	Բաղադրատոմսը
Spezie	Համեմունքներ
Spugna	Սպունգ
Tazze	Բաժակ
Tovagliolo	Անձեռոցիկ

Danza

Պար

Accademia	Ակադեմիա
Arte	Արվեստ
Classico	Դասական
Compagno	Գործընկեր
Coreografia	Խորեոգրաֆիա
Corpo	Մարմին
Cultura	Մշակույթ
Culturale	Մշակութային
Emozione	Զգացմունք
Espressivo	Արտահայտիչ
Gioioso	Ուրախ
Grazia	Շնորհ
Movimento	Շարժում
Musica	Երաժշտություն
Prova	Փորձ
Ritmo	Ռիթմ
Salto	Ցատկել
Tradizionale	Ավանդական
Visivo	Տեսողական

Dinosauri

Դինոզավրեր

Ali	Թեւեր
Coda	Պոչ
Enorme	Հսկայական
Erbivoro	Հերբիվոր
Evoluzione	Էվոլուցիա
Grande	Մեծ
Mammut	Մամոնտ
Onnivoro	Օմնիվորե
Potente	Հզոր
Preistorico	Նախապատմական
Rapace	Գիշատիչ
Rettile	Սողուն
Scomparsa	Անհետացում
Specie	Տեսակներ
Taglia	Չափ
Terra	Երկիր
Vizioso	Արատավոր

Discipline Scientifiche

Գիտական Առարկաներ

Anatomia	Անատոմիա
Archeologia	Հնագիտություն
Biochimica	Կենսաքիմիա
Chimica	Քիմիա
Ecologia	Էկոլոգիա
Fisica	Ֆիզիկա
Fisiologia	Ֆիզիոլոգիա
Immunologia	Իմունոլոգիա
Kinesiologia	Կինեզիոլոգիա
Meccanica	Մեխանիկա
Mineralogia	Հանքային
Nutrizione	Սնուցում
Robotica	Ռոբոտիկա
Sociologia	Սոցիոլոգիա
Termodinamica	Թերմոդինամիկա

Ecologia

Էկոլոգիա

Clima	Կլիմա
Comunità	Համայնքներ
Fauna	Ֆաունա
Flora	Ֆլորա
Globale	Գլոբալ
Marino	Ծովային
Montagne	Լեռներ
Natura	Բնություն
Naturale	Բնական
Palude	Ճահիճ
Piante	Բույսեր
Risorse	Ռեսուրսներ
Siccità	Երաշտ
Sopravvivenza	Գոյատեւում
Sostenibile	Կայուն
Specie	Տեսակներ
Volontari	Կամավորներ

Edifici

Շենքեր

Ambasciata	Դեսպանություն
Appartamento	Բնակարան
Cabina	Տնակում
Castello	Ամրոց
Cinema	Կինո
Fabbrica	Գործարան
Fienile	Գոմ
Hotel	Հյուրանոց
Laboratorio	Լաբորատորիա
Museo	Թանգարան
Ospedale	Հիվանդանոց
Osservatorio	Աստղադիտարան
Ostello	Հանրակացարան
Scuola	Դպրոց
Stadio	Մարզադաշտ
Supermercato	Սուպերմարկետ
Teatro	Թատրոն
Tenda	Վրան
Torre	Աշտարակ
Università	Համալսարան

Emozioni

Զգացմունքներ

Amore	Սեր
Beatitudine	Երանություն
Calma	Հանգիստ
Eccitato	Հուզված
Gentilezza	Բարություն
Gioia	Ուրախություն
Grato	Շնորհակալ
Noia	Ձանձրույթ
Pace	Խաղաղություն
Paura	Վախ
Rabbia	Զայրույթ
Rilievo	Օգնություն
Simpatia	Համակրանք
Soddisfatto	Բավարարված
Sorpresa	Անակնկալ
Tenerezza	Քնքշություն
Tranquillità	Հանգստություն
Tristezza	Տխրություն

Erboristeria

Բուսաբուժություն

Aglio	Սխտոր
Aromatico	Անուշաբույր
Basilico	Ռեհան
Culinario	Խոհարարական
Dragoncello	Թարգուն
Finocchio	Սամիթ
Fiore	Ծաղիկ
Giardino	Այգի
Ingrediente	Բաղադրիչ
Lavanda	Նարդոս
Maggiorana	Մարջորամ
Menta	Անանուխ
Origano	Օրեգանո
Pianta	Գործարան
Prezzemolo	Մաղադանոս
Qualità	Որակ
Rosmarino	Ռոզմարի
Timo	Ուրց
Verde	Կանաչ
Zafferano	Զաֆրան

Escursionismo

Հետիոտն

Acqua	Ջուր
Animali	Կենդանիներ
Campeggio	Արշավ
Clima	Կլիմա
Guide	Ուղեցույցներ
Mappa	Քարտեզ
Montagna	Լեռ
Natura	Բնություն
Orientamento	Կողմնորոշում
Parchi	Այգիներ
Pericoli	Վտանգներ
Pesante	Ծանր
Pietre	Քարեր
Preparazione	Պատրաստում
Scogliera	Ժայռ
Selvaggio	Վայրի
Sole	Արեւ
Stanco	Հոգնած
Stivali	Կոշիկներ
Zanzare	Մոծակներ

Estate

Ամառային

Amici	Ընկերներ
Campeggio	Արշավ
Casa	Տուն
Cibo	Սնունդ
Famiglia	Ընտանիք
Giardino	Այգի
Giochi	Խաղեր
Gioia	Ուրախություն
Libri	Գրքեր
Mare	Ծով
Musica	Երաժշտություն
Nuotare	Լողալ
Rilassamento	Թուլացում
Sandali	Սանդալներ
Spiaggia	Լողափ
Stelle	Աստղեր
Vacanza	Արձակուրդ
Viaggio	Ճանապարհորդել

Famiglia

Ընտանեկան

Antenato	Նախահայր
Bambini	Երեխաներ
Bambino	Երեխա
Cugino	Զարմիկ
Figlia	Դուստր
Fratello	Եղբայր
Gemelli	Երկվորյակներ
Infanzia	Մանկություն
Madre	Մայր
Marito	Ամուսին
Materno	Մայրական
Moglie	Կինը
Nipote	Եղբորորդին
Nonna	Տատիկ
Nonno	Պապիկ
Padre	Հայր
Paterno	Հայրական
Sorella	Քույր
Zia	Աունտ
Zio	Հորեղբայր

Fantascienza

Գիտական Գեղարվեստական

Atomico	Ատոմային
Cinema	Կինո
Distopia	Դիստոպիա
Esplosione	Պայթյուն
Estremo	Ծայրահեղ
Fantastico	Ֆանտաստիկ
Fuoco	Կրակ
Galassia	Գալաքսիա
Illusione	Պատրանք
Immaginario	Երեւակայական
Libri	Գրքեր
Misterioso	Խորհրդավոր
Mondo	Աշխարհ
Oracolo	Օրաքլի
Pianeta	Մոլորակ
Robot	Ռոբոտներ
Scenario	Սցենար
Tecnologia	Տեխնոլոգիա
Utopia	Ուտոպիա

Fattoria #1

Ֆերմա #1

Acqua	Ջուր
Ape	Մեղու
Asino	Էշ
Campo	Դաշտ
Cane	Շուն
Capra	Այծի
Cavallo	Ձի
Fertilizzante	Պարարտանյութ
Fieno	Հայ
Gatto	Կատու
Gregge	Հոտ
Maiale	Խոզ
Miele	Մեղր
Mucca	Կով
Pollo	Հավ
Recinto	Ցանկապատի
Riso	Բրինձ
Semi	Սերմեր
Terra	Հողատարածք
Vitello	Հորթ

Fattoria #2

Ֆերմա #2

Agnello	Գառ
Agricoltore	Ֆերմեր
Alveare	Փեթակ
Anatra	Բադ
Animali	Կենդանիներ
Cibo	Սնունդ
Fienile	Գամ
Frutta	Մրգեր
Frutteto	Պտղատու Այգի
Grano	Ցորեն
Irrigazione	Ոռոգում
Lama	Լամա
Latte	Կաթ
Mais	Եգիպտացորեն
Orzo	Գարի
Pastore	Հովիվ
Pecora	Ոչխար
Prato	Մարգագետին
Trattore	Տրակտոր
Verdura	Բուսական

Fiori

Ծաղիկներ

Calendula	Կալենդուլա
Dente di Leone	Դանդելիոն
Gardenia	Գարդենյա
Gelsomino	Հասմիկ
Girasole	Արեւածաղիկ
Ibisco	Հիբիսկուս
Lavanda	Նարդոս
Magnolia	Մագնոլիա
Margherita	Դեզի
Mazzo	Փունջ
Orchidea	Օրխիդ
Peonia	Պիոն
Petalo	Թեր
Rosa	Վարդ
Trifoglio	Երեքնուկ
Tulipano	Կակաչ

Foresta Pluviale

Արեւադարձային Անտառ

Botanico	Բուսանիկական
Clima	Կլիմա
Comunità	Համայնք
Giungla	Ջունգլի
Indigeno	Բնիկ
Insetti	Միջատներ
Mammiferi	Կաթնասուններ
Muschio	Մամուռ
Natura	Բնություն
Nuvole	Ամպեր
Preservazione	Պահպանում
Prezioso	Արժեքավոր
Restauro	Վերականգնում
Rifugio	Ապաստան
Rispetto	Հարգանք
Sopravvivenza	Գոյատեւում
Specie	Տեսակներ
Uccelli	Թռչուններ

Forme

Ձեւավորում

Angolo	Անկյուն
Arco	Աղեղ
Bordi	Եզրեր
Cerchio	Ցլիկ
Cilindro	Գլան
Cono	Կոն
Cubo	Խորանարդ
Curva	Կոր
Ellisse	Էլիպս
Iperbole	Հիպերբոլա
Lato	Կողմ
Linea	Գիծ
Ovale	Օվալ
Piramide	Բուրգ
Poligono	Պոլիգոն
Prisma	Պրիզմա
Quadrato	Քառակուսի
Rettangolo	Ուղղանկյունի
Sfera	Ոլորտ
Triangolo	Եռանկյունի

Forniture Artistiche

Արվեստի Պարագաներ

Acqua	Ջուր
Acquerelli	Ջրաներկ
Acrilico	Ակրիլ
Argilla	Կավ
Carta	Թուղթ
Cavalletto	Պատկեր
Colla	Սոսինձ
Colori	Գույներ
Gomma	Ռետին
Idee	Գաղափարներ
Inchiostro	Թանաք
Matite	Մատիտներ
Olio	Յուղ
Sedia	Աթոռ
Tavolo	Սեղան
Telecamera	Տեսախցիկ
Vernici	Ներկեր

Frutta

Մրգեր

Albicocca	Ծիրան
Ananas	Արքայախնձոր
Arancia	Նարնջագույն
Avocado	Ավոկադո
Bacca	Հատապտուղ
Banana	Բանան
Ciliegia	Բալ
Fico	Թուզ
Kiwi	Կիվի
Lampone	Ազնվամորի
Limone	Կիտրոն
Mango	Մանգո
Mela	Խնձոր
Melone	Սեխ
Nettarina	Նեկտարին
Papaia	Պապայա
Pera	Տանձ
Pesca	Դեղձ
Prugna	Սալոր
Uva	Խաղող

Gatti

Կատուներ

Artiglio	Պատռել
Cacciatore	Որսորդ
Coda	Պոչ
Curioso	Հետաքրքրասեր
Divertente	Զվարճալի
Dormire	Քնել
Filo	Մանվածք
Indipendente	Անկախ
Pazzo	Խենթ
Poco	Քիչ
Selvaggio	Վայրի
Timido	Ամաչկոտ
Topo	Մուկ
Veloce	Արագ
Zampa	Թաթ

Geografia

Աշխարհագրություն

Altitudine	Բարձրությունը
Atlante	Ատլաս
Città	Քաղաք
Continente	Աշխարհամաս
Emisfero	Կիսագունդ
Fiume	Գետ
Isola	Կղզի
Latitudine	Լայնություն
Longitudine	Երկայնություն
Mappa	Քարտեզ
Mare	Ծով
Meridiano	Մերիդիան
Mondo	Աշխարհ
Montagna	Լեռ
Nord	Հյուսիս
Ovest	Արեւմուտք
Paese	Երկիր
Regione	Տարածաշրջան
Sud	Հարավ
Territorio	Տարածք

Geologia

Երկրաբանություն

Acido	Թթու
Altopiano	Սարահարթ
Calcio	Կալցիում
Caverna	Քարանձավի
Continente	Աշխարհամաս
Corallo	Կորալ
Cristalli	Բյուրեղներ
Erosione	Էրոզիա
Fossile	Հանածո
Geyser	Գեյզեր
Lava	Լավա
Minerali	Հանքային
Pietra	Քար
Quarzo	Որձաքար
Sale	Աղ
Stalattite	Ստալակտիտ
Strato	Շերտ
Terremoto	Երկրաշարժ
Vulcano	Հրաբուխ
Zona	Գոտի

Giardino

Այգի

Albero	Ծառ
Cespuglio	Բուշ
Erba	Խոտ
Erbacce	Մոլախոտերի
Fiore	Ծաղիկ
Garage	Ավտոտնակ
Giardino	Այգի
Pala	Թիակ
Panca	Դազգահ
Rastrello	Փոցխ
Recinto	Ցանկապատ
Stagno	Լճակ
Suolo	Հող
Terrazza	Կտուր
Trampolino	Տրամպլին
Tubo	Գուլպաներ

Giocattoli

Խաղալիքներ

Aereo	Ինքնաթիռ
Argilla	Կավ
Artigianato	Արհեստներ
Auto	Մեքենա
Bambola	Տիկնիկ
Barca	Նավակ
Bicicletta	Հեծանիվ
Camion	Բեռնատար
Giochi	Խաղեր
Libri	Գրքեր
Palla	Բալ
Preferito	Սիրած
Puzzle	Հանելուկ
Robot	Ռոբոտ
Scacchi	Շախմատ
Treno	Գնացք
Vernici	Ներկեր

Giorni e Mesi

Օրեր և Ամիսներ

Agosto	Օգոստոս
Anno	Տարի
Aprile	Ապրիլ
Calendario	Օրացույց
Dicembre	Դեկտեմբեր
Domenica	Կիրակի
Febbraio	Փետրվար
Gennaio	Հունվար
Giugno	Հունիս
Luglio	Հուլիս
Lunedì	Երկուշաբթի
Martedì	Երեքշաբթի
Marzo	Մարտ
Mercoledì	Չորեքշաբթի
Mese	Ամիս
Novembre	Նոյեմբեր
Ottobre	Հոկտեմբեր
Sabato	Շաբաթ
Settembre	Սեպտեմբեր
Venerdì	Ուրբաթ

Guida

Վարորդական

Attenzione	Զգուշություն
Autista	Վարորդ
Auto	Մեքենա
Autobus	Ավտոբուս
Carburante	Վառելիք
Freni	Արգելակներ
Garage	Ավտոտնակ
Gas	Գազ
Incidente	Վթար
Licenza	Լիցենզիա
Mappa	Քարտեզ
Moto	Մոտոցիկլ
Motore	Մոտոր
Pedonale	Հետիոտնային
Pericolo	Վտանգ
Strada	Ճանապարհ
Traffico	Շարժում
Trasporto	Փոխադրում
Tunnel	Թունել
Velocità	Արագություն

Imbarcazioni

Նավակներ

Albero	Կայմ
Ancora	Խարիսխ
Barca a Vela	Սայլբոատ
Boa	Բույ
Canoa	Նավակ
Corda	Պարան
Equipaggio	Անձնակազմ
Fiume	Գետ
Kayak	Կայակ
Lago	Լիճ
Mare	Ծով
Marea	Ալիքը
Marinaio	Նավաստի
Motore	Շարժիչ
Nautico	Ծովային
Oceano	Օվկիանոս
Onde	Ալիքներ
Traghetto	Լաստանավ
Yacht	Զբոսանավ

Insetti

Միջատներ

Afide	Տլ
Ape	Մեղու
Cavalletta	Մորեխ
Cicala	Ցիկադա
Coccinella	Լեդիբուգ
Coleottero	Բզեզ
Falena	Ցեց
Farfalla	Թիթեռ
Formica	Մրջյուն
Larva	Թրթուր
Libellula	Ճպուռ
Mantide	Մանտիս
Pulce	Բուլ
Scarafaggio	Ուտիճ
Termite	Տերմիտ
Verme	Ճիճու
Zanzara	Մժեղ

Letteratura

Գրականություն

Analogia	Անալոգիա
Aneddoto	Անեկդոտ
Autore	Հեղինակ
Dialogo	Երկխոսություն
Finzione	Գեղարվեստական
Genere	Ժանր
Narratore	Պատմող
Opinione	Կարծիք
Poetico	Բանաստեղծական
Rima	Հանգ
Ritmo	Ռիթմ
Romanzo	Վեպ
Stile	Ոճ
Tema	Թեմա
Tragedia	Ողբերգություն

Libri

Գրքեր

Autore	Հեղինակ
Avventura	Արկած
Carattere	Բնույթ
Collezione	Հավաքածու
Contesto	Համատեքստ
Immersione	Ընկղմում
Inventivo	Հնարամիտ
Letterario	Գրական
Lettore	Ընթերցող
Narratore	Պատմող
Pagina	Էջ
Poesia	Պոեզիա
Rilevante	Համապատասխան
Romanzo	Վեպ
Scritto	Գրված
Serie	Սերիա
Storia	Պատմություն
Storico	Պատմական
Tragico	Ողբերգական
Umoristico	Հումորային

Mammiferi

Կաթնասուններ

Balena	Կետ
Cane	Շուն
Canguro	Կենգուրու
Cavallo	Ձի
Cervo	Եղջերու
Coniglio	Ճագար
Coyote	Կոյոտ
Delfino	Դելֆին
Elefante	Փիղ
Gatto	Կատու
Giraffa	Ընձուղտ
Gorilla	Գորիլա
Leone	Առյուծ
Lupo	Գայլ
Orso	Արջ
Pecora	Ոչխար
Scimmia	Կապիկ
Toro	Ցուլ
Volpe	Աղվես
Zebra	Զեբրա

Matematica

Մաթեմատիկա

Angoli	Անկյուններ
Aritmetica	Թվաբանություն
Circonferenza	Շրջապատ
Decimale	Տասնորդական
Diametro	Տրամագիծ
Equazione	Հավասարում
Esponente	Էքսպոնենտ
Frazione	Մաս
Gradi	Աստիճաններ
Numeri	Թվեր
Parallelo	Զուգահեռ
Perimetro	Պրիմետր
Poligono	Պոլիգոն
Quadrato	Քառակուսի
Rettangolo	Ուղղանկյունի
Sfera	Ոլորտ
Simmetria	Սիմետրիա
Somma	Գումար
Triangolo	Եռանկյունի
Volume	Ծավալը

Meditazione

Մեդիտացիա

Accettazione	Ընդունում
Attenzione	Ուշադրություն
Calma	Հանգիստ
Chiarezza	Պարզություն
Compassione	Կարեկցանք
Felicità	Երջանկություն
Gentilezza	Բարություն
Mentale	Մտավոր
Mente	Միտք
Movimento	Շարժում
Musica	Երաժշտություն
Natura	Բնություն
Osservazione	Դիտարկում
Pace	Խաղաղություն
Pensieri	Մտքերը
Per Imparare	Սովորել
Prospettiva	Հեռանկար
Respirazione	Շնչառություն
Silenzio	Լռություն
Sveglio	Ցնդած

Meteo

Եղանակ

Arcobaleno	Ծիածան
Asciutto	Չոր
Atmosfera	Մթնոլորտ
Brezza	Զեփյուռ
Calma	Հանգիստ
Cielo	Երկինք
Clima	Կլիմա
Fulmine	Կայծակ
Ghiaccio	Սառույց
Monsone	Մուսոն
Nebbia	Մառախուղ
Nube	Ամպ
Polare	Բեւեռային
Siccità	Երաշտ
Temperatura	Ջերմաստիճանը
Tempesta	Փոթորիկ
Tornado	Տարափ
Tropicale	Արեւադարձային
Tuono	Որոտ
Vento	Քամի

Misurazioni

Չափումներ

Altezza	Բարձրությունը
Byte	Բայտ
Centimetro	Սանտիմետր
Chilogrammo	Կիլոգրամ
Chilometro	Կիլոմետր
Decimale	Տասնորդական
Grado	Աստիճան
Grammo	Գրամ
Larghezza	Լայնություն
Litro	Լիտր
Lunghezza	Երկարություն
Metro	Մետր
Minuto	Րոպե
Oncia	Ունցիա
Peso	Քաշը
Pollice	Դյույմ
Profondità	Խորություն
Tonnellata	Տոննա
Volume	Ծավալը

Mitologia

Առասպելաբանություն

Archetipo	Արքետիպ
Comportamento	Վարքագիծ
Creatura	Արարած
Creazione	Ստեղծում
Cultura	Մշակույթ
Disastro	Աղետ
Eroe	Հերոս
Forza	Ուժ
Fulmine	Կայծակ
Gelosia	Խանդը
Guerriero	Ռազմիկ
Immortalità	Անմահություն
Labirinto	Լաբիրինթոս
Leggenda	Լեգենդ
Magico	Կախարդական
Mortale	Մահկանացու
Mostro	Հրեշ
Paradiso	Երկինք
Tuono	Որոտ
Vendetta	Վրեժ

Mobili

Կահույք

Cuscini	Բարձիկներ
Cuscino	Բարձ
Futon	Ֆուտոն
Lampada	Լամպ
Letto	Մահճակալ
Libreria	Գրապահարան
Materasso	Ներքնակ
Panca	Դազգահ
Poltrona	Բազկաթոռ
Scaffali	Դարակներ
Scrivania	Գրասեղան
Sedia	Աթոռ
Specchio	Հայելի
Tappeto	Գորգ
Tende	Վարագույրներ

Natura

Բնություն

Animali	Կենդանիներ
Api	Մեղուներ
Artico	Արկտիկա
Bellezza	Գեղեցկություն
Deserto	Անապատ
Dinamico	Դինամիկ
Erosione	Էրոզիա
Fiume	Գետ
Fogliame	Սաղարթ
Foresta	Անտառ
Ghiacciaio	Սառցադաշտ
Montagne	Լեռներ
Nebbia	Մառախուղ
Nuvole	Ամպեր
Selvaggio	Վայրի
Sereno	Հանգիստ
Tropicale	Արեւադարձային
Vitale	Կենսական

Numeri

Թվերներ

Cinque	Հինգ
Decimale	Տասնորդական
Diciannove	Տասնինը
Diciassette	Տասնյոթ
Diciotto	Տասնութ
Dieci	Տասը
Dodici	Տասներկու
Due	Երկու
Nove	Ինը
Otto	Ութ
Quattordici	Տասնչորս
Quattro	Չորս
Quindici	Տասնհինգ
Sedici	Տասնվեց
Sei	Վեց
Sette	Յոթ
Tre	Երեք
Tredici	Տասներեք
Venti	Քսան
Zero	Զրո

Nutrizione

Սնուցում

Amaro	Դառը
Appetito	Ախորժակ
Calorie	Կալորիաներ
Carboidrati	Ածխաջրեր
Commestibile	Ուտելի
Dieta	Դիետա
Digestione	Մարսողություն
Fermentazione	Խմորում
Gusto	Համը
Liquidi	Հեղուկներ
Nutriente	Սննդարար
Peso	Քաշը
Proteine	Սպիտակուցներ
Qualità	Որակ
Salsa	Սոուս
Salute	Առողջություն
Sano	Առողջ
Spezie	Համեմունքներ
Tossina	Տոքսին
Vitamina	Վիտամին

Oceano

Օվկիանոս

Alghe	Ջրիմուռներ
Anguilla	Օձաձուկ
Balena	Կետ
Barca	Նավակ
Corallo	Կորալ
Delfino	Դելֆին
Granchio	Ծովախեցգետին
Maree	Տիղես
Medusa	Մեդուզա
Onde	Ալիքներ
Ostrica	Ոսրե
Pesce	Ձուկ
Polpo	Ութոտնուկ
Sale	Աղ
Scogliera	Ռելիեֆ
Spugna	Սպունգ
Squalo	Շնաձ
Tartaruga	Կրիա
Tempesta	Փոթորիկ
Tonno	Թունա

Paesaggi

Բնանկարներ

Cascata	Ջրվեժ
Collina	Բլրի
Deserto	Անապատ
Fiume	Գետ
Geyser	Գեյզեր
Ghiacciaio	Սառցադաշտ
Grotta	Քարանձավ
Iceberg	Այսբերգ
Isola	Կղզի
Lago	Լիճ
Mare	Ծով
Montagna	Լեռ
Oasi	Օազիս
Oceano	Օվկիանոս
Palude	Ճահիճ
Penisola	Թերակղզի
Spiaggia	Լողափ
Tundra	Տունդրա
Valle	Հովիտ
Vulcano	Հրաբուխ

Paesi #2

Երկրներ #2

Albania	Ալբանիա
Danimarca	Դանիա
Etiopia	Եթովպիա
Giamaica	Ջամայկա
Giappone	Ճապոնիա
Grecia	Հունաստան
Haiti	Հաիթի
Indonesia	Ինդոնեզիա
Irlanda	Իռլանդիա
Laos	Լաոս
Liberia	Լիբերիա
Messico	Մեքսիկա
Nepal	Նեպալ
Nigeria	Նիգերիա
Pakistan	Պակիստան
Russia	Ռուսաստան
Siria	Սիրիա
Sudan	Սուդան
Ucraina	Ուկրաինա
Uganda	Ուգանդա

Pesca

Ձկնորս

Acqua	Ջուր
Barca	Նավակ
Branchie	Գիլս
Cesto	Զամբյուղ
Cucinare	Խոհարար
Esca	Խայծ
Fiume	Գետ
Gancio	Որսալ
Lago	Լիճ
Mascella	Ծնոտ
Oceano	Օվկիանոս
Pazienza	Համբերություն
Peso	Քաշը
Spiaggia	Լողափ
Stagione	Սեզոն

Piante

Բույսեր

Albero	Ծառ
Bacca	Հատապտուղ
Bambù	Բամբոռ
Cactus	Կակտուս
Cespuglio	Բուշ
Crescere	Աճել
Erba	Խոտ
Fagiolo	Լոբի
Fertilizzante	Պարարտանյութ
Fiore	Ծաղիկ
Flora	Ֆլորա
Foglia	Տերեւ
Fogliame	Սաղարթ
Foresta	Անտառ
Giardino	Այգի
Giungla	Ջունգլի
Muschio	Մամուռ
Petalo	Թեր
Radice	Արմատ
Sole	Արեւ

Pirati

Ծովահեններ

Ancora	Խարիսխ
Avventura	Արկած
Bandiera	Դրոշ
Bussola	Կողմնացույց
Capitano	Կապիտան
Cattivo	Վատ
Cicatrice	Սպի
Equipaggio	Անձնակազմ
Grotta	Քարանձավ
Isola	Կղզի
Leggenda	Լեգենդ
Mappa	Քարտեզ
Monete	Մետաղադրամներ
Oro	Ոսկի
Pappagallo	Թութակ
Pericolo	Վտանգ
Rum	Ռում
Spada	Սուր
Spiaggia	Լողափ
Tesoro	Գանձ

Professioni #1

Մասնագիտություններ #1

Allenatore	Մարզիչ
Ambasciatore	Դեսպան
Artista	Նկարիչ
Astronomo	Աստղագետ
Avvocato	Փաստաբան
Ballerino	Պարուհի
Banchiere	Բանկեր
Cacciatore	Որսորդ
Cartografo	Քարտոգրաֆ
Editore	Խմբագիր
Farmacista	Դեղագործ
Geologo	Երկրաբան
Gioielliere	Ոսկերիչ
Idraulico	Ջրմուղագործ
Infermiera	Բուժքույր
Musicista	Երաժիշտ
Pianista	Դաշնակահար
Psicologo	Հոգեբան
Scienziato	Գիտնական
Veterinario	Անասնաբույժ

Professioni #2

Մասնագիտություններ #2

Astronauta	Տիեզերագետ
Bibliotecario	Գրադարանավար
Biologo	Կենսաբան
Chirurgo	Վիրաբույժ
Dentista	Ատամնաբույժ
Filosofo	Փիլիսոփա
Fotografo	Լուսանկարիչ
Giardiniere	Այգեպան
Giornalista	Լրագրող
Illustratore	Նկարազրող
Ingegnere	Ինժեներ
Insegnante	Ուսուցիչ
Inventore	Գյուտարար
Investigatore	Քննիչ
Linguista	Լեզվաբան
Medico	Բժիշկ
Pilota	Օդաչու
Pittore	Նկարիչ
Ricercatore	Հետազոտող
Zoologo	Կենդանաբան

Riempire

Լրացնել

Barile	Տակառ
Borsa	Պայուսակ
Bottiglia	Շիշ
Busta	Ծրար
Cartella	Թղթապանակ
Cassetto	Գզրոց
Cesto	Զամբյուղ
Pacchetto	Փաթեթ
Scatola	Արկղ
Secchio	Դույլ
Tasca	Գրպան
Tubo	Խողովակ
Valigia	Ճամպրուկ
Vaso	Ծաղկաման
Vassoio	Սկուտեղ

Ristorante #1

Ռեստորան #1

Allergia	Ալերգիա
Caffè	Սուրճ
Cameriera	Մատուցողուհի
Carne	Միս
Cibo	Սնունդ
Ciotola	Գունդ
Coltello	Դանակ
Cucina	Խոհանոց
Dessert	Դեսերտ
Mangiare	Ուտել
Menù	Մենյու
Pane	Հաց
Piatto	Ափսե
Piccante	Կծու
Pollo	Հավ
Prenotazione	Վերապահում
Salsa	Սոուս
Tovagliolo	Անձեռոցիկ

Ristorante #2

Ռեստորան #2

Acqua	Ջուր
Bevanda	Ըմպելիք
Cameriere	Մատուցող
Cena	Ընթրիք
Cucchiaio	Գդալ
Delizioso	Համեղ
Forchetta	Պատառաքաղ
Frutta	Մրգեր
Ghiaccio	Սառույց
Insalata	Աղցան
Minestra	Ապուր
Pesce	Ձուկ
Pranzo	Ճաշ
Sale	Աղ
Sedia	Աթոռ
Spezie	Համեմունքներ
Torta	Տորթ
Uova	Ձու
Verdure	Բանջարեղեն

Scacchi

Շախմատ

Avversario	Հակառակորդ
Bianco	Սպիտակ
Campione	Չեմպիոն
Concorso	Մրցույթ
Giocatore	Խաղացող
Gioco	Խաղ
Intelligente	Խելացի
Nero	Սեւ
Passivo	Պասիվ
Per Imparare	Սովորել
Punti	Միավոր
Re	Թագավորը
Regina	Թագուհի
Regole	Կանոններ
Sacrificio	Սողուն
Tempo	Ժամանակ
Torneo	Մրցաշար

Scienza

Գիտություն

Atomo	Ատոմ
Chimico	Քիմիական
Clima	Կլիմա
Dati	Տվյալներ
Esperimento	Փորձ
Evoluzione	Էվոլուցիա
Fatto	Փաստ
Fisica	Ֆիզիկա
Fossile	Հանածո
Ipotesi	Հիփոթեքային
Laboratorio	Լաբորատորիա
Metodo	Մեթոդ
Minerali	Հանքային
Molecole	Մոլեկուլներ
Natura	Բնություն
Organismo	Օրգանիզմ
Osservazione	Դիտարկում
Particelle	Մասնիկներ
Piante	Բույսեր
Scienziato	Գիտնական

Scuola #1

Դպրոց #1

Alfabeto	Այբուբեն
Amici	Ընկերներ
Aula	Դասարան
Biblioteca	Գրադարան
Carta	Թուղթ
Cartelle	Թղթապանակներ
Divertimento	Ժամանց
Esami	Քննություններ
Insegnante	Ուսուցիչ
Libri	Գրքեր
Marcatori	Մարկերներ
Matematica	Մաթեմատիկա
Matita	Մատիտ
Numeri	Թվեր
Per Imparare	Սովորել
Pranzo	Ճաշ
Risposte	Պատասխաններ
Scrivania	Գրասեղան
Scrivere	Գրել
Sedia	Աթոռ

Scuola #2
Դպրոց #2

Accademico	Ակադեմիական
Autobus	Ավտոբուս
Biblioteca	Գրադարան
Calendario	Օրացույց
Carta	Թուղթ
Computer	Համակարգիչ
Dizionario	Բառարան
Educazione	Կրթություն
Forbici	Մկրատ
Giochi	Խաղեր
Insegnante	Ուսուցիչ
Letteratura	Գրականություն
Lettura	Ընթերցում
Libri	Գրքեր
Matematica	Մաթեմատիկա
Matita	Մատիտ
Quiz	Վիկտորինաներ
Scarpe	Կոշիկ
Scienza	Գիտություն
Zaino	Պայուսակ

Spezie
Համեմունքներ

Aglio	Սխտոր
Amaro	Դառը
Anice	Անիս
Cannella	Դարչին
Cardamomo	Հիլ
Cipolla	Սոխ
Coriandolo	Համեմ
Cumino	Չաման
Curcuma	Քրքում
Curry	Կարրի
Dolce	Քաղցր
Finocchio	Սամիթ
Gusto	Համը
Noce Moscata	Մշկընկույզ
Paprika	Պապրիկա
Pepe	Պղպեղ
Sale	Աղ
Vaniglia	Վանիլային
Zafferano	Ջաֆրան
Zenzero	Կոճապղպեղ

Spiaggia
Լողափ

Asciugamano	Սրբիչ
Barca	Նավակ
Barca a Vela	Սայլբոատ
Blu	Կապույտ
Costa	Ափ
Granchio	Ծովախեցգետին
Isola	Կղզի
Laguna	Ծովածոց
Mare	Ծով
Nuotare	Լողալ
Oceano	Օվկիանոս
Ombrello	Հովանոց
Sabbia	Ավազ
Sandali	Սանդալներ
Scogliera	Ռելիեֆ
Sole	Արեւ
Vacanza	Արձակուրդ

Sport
Սպորտաձեւեր

Allenatore	Մարզիչ
Arbitro	Դատավոր
Atleta	Մարզիկ
Baseball	Բեյսբոլ
Basket	Բասկետբոլ
Bicicletta	Հեծանիվ
Campionato	Առաջնություն
Giocatore	Խաղացող
Gioco	Խաղ
Golf	Գոլֆ
Hockey	Հոկեյ
Movimento	Շարժում
Nuotare	Լողալ
Palestra	Գիմնազիա
Squadra	Թիմ
Stadio	Մարզադաշտ
Tennis	Թենիս
Vincitore	Հաղթող

Strumenti Musicali
Երաժշտական Գործիքներ

Arpa	Տավիղ
Banjo	Բանջո
Chitarra	Կիթառ
Clarinetto	Կլարնետ
Fagotto	Ֆասոն
Flauto	Ֆլեյտա
Gong	Գոնգ
Mandolino	Մանդոլին
Marimba	Մարիմբա
Oboe	Օբոե
Pianoforte	Դաշնամուր
Sassofono	Սաքսոֆոն
Tamburello	Բուբեն
Tamburo	Թմբուկ
Tromba	Շեփոր
Trombone	Տրոմբոն
Violino	Ջութակ
Violoncello	Թավջութակ

Surf
Ճամփորդել

Atleta	Մարզիկ
Campione	Չեմպիոն
Divertimento	Ժամանց
Estremo	Ծայրահեղ
Folla	Բազմությունը
Forza	Ուժ
Meteo	Եղանակ
Nuotare	Լողալ
Oceano	Օվկիանոս
Onda	Ալիք
Popolare	Հանրաճանաչ
Principiante	Սկսնակ
Schiuma	Փրփուր
Scogliera	Ռելիեֆ
Spiaggia	Լողափ
Stile	Ոճ
Stomaco	Ստամոքսի
Velocità	Արագություն

Tecnologia
Տեխնոլոգիա

Blog	Բլոգ
Browser	Բրաուզեր
Byte	Բայտ
Computer	Համակարգիչ
Cursore	Ցուցիչ
Dati	Տվյալներ
Digitale	Թվային
File	Ֆայլ
Font	Տառատեսակ
Internet	Ինտերնետ
Schermo	Էկրան
Software	Ծրագրեր
Telecamera	Տեսախցիկ
Virtuale	Վիրտուալ
Virus	Վիրուս

Tempo
Ժամանակ

Anno	Տարի
Annuale	Տարեկան
Calendario	Օրացույց
Decennio	Տասնամյակ
Dopo	Հետո
Futuro	Ապագա
Giorno	Օր
Ieri	Երեկ
Mattina	Առավոտ
Mese	Ամիս
Mezzogiorno	Կեսօր
Minuto	Րոպե
Notte	Գիշեր
Oggi	Այսօր
Ora	Ժամ
Orologio	Ժամացույց
Presto	Շուտով
Prima	Նախքան
Secolo	Դար
Settimana	Շաբաթ

Tipi di Capelli
Մազերի Տեսակները

Argento	Արծաթ
Asciutto	Չոր
Bianco	Սպիտակ
Biondo	Շիկահեր
Breve	Կարճ
Calvo	Ճաղատ
Colorato	Գունավոր
Grigio	Մոխրագույն
Intrecciato	Հյուսած
Liscio	Հարթ
Lucido	Փայլուն
Lungo	Երկար
Marrone	Շագանակագույն
Morbido	Փափուկ
Nero	Սեւ
Riccio	Գանգուր
Riccioli	Գանգուրներ
Sano	Առողջ
Sottile	Բարակ
Spessore	Հաստ

Uccelli
Թռչուններ

Airone	Հերոն
Anatra	Բադ
Aquila	Արծիվ
Canarino	Канарейка
Cicogna	Արագիլ
Cigno	Կարապ
Cuculo	Կկուկ
Falco	Բազե
Fenicottero	Ֆլամինգո
Gufo	Բու
Oca	Սագ
Pappagallo	Թութակ
Passero	Ճնճղուկ
Pavone	Սիրամարգ
Pellicano	Հավալուսն
Piccione	Աղավնի
Pinguino	Պինգվին
Pollo	Հավ
Struzzo	Ջայլամ
Uovo	Ձու

Vacanza #1
Արձակուրդ #1

Aereo	Ինքնաթիռ
Andare	Գնալ
Auto	Մեքենա
Biglietto	Տոմս
Dogana	Մաքսային
Itinerario	Երթուղի
Lago	Լիճ
Museo	Թանգարան
Nuotare	Լողալ
Ombrello	Հովանոց
Partenza	Մեկնում
Rilassamento	Թուլացում
Spedizione	Արշավախմբի
Tram	Տրամվայ
Turismo	Տուրիստ
Valigia	Ճամպրուկ
Valuta	Արժույթ
Zaino	Պայուսակ

Vacanze #2
Արձակուրդ #2

Aeroporto	Օդանավակայան
Campeggio	Արշավ
Hotel	Հյուրանոց
Isola	Կղզի
Mappa	Քարտեզ
Mare	Ծով
Montagne	Լեռներ
Passaporto	Անձնագիր
Ristorante	Ռեստորան
Spiaggia	Լողափ
Straniero	Օտարական
Taxi	Տաքսի
Tenda	Վրան
Trasporto	Փոխադրում
Treno	Գնացք
Vacanza	Տոն
Viaggio	Ճամբորդութիւն
Visto	Վիզա

Veicoli

Տրանսպորտային Միջոցներ

Aereo	Ինքնաթիռ
Auto	Մեքենա
Autobus	Ավտոբուս
Barca	Նավակ
Bicicletta	Հեծանիվ
Camion	Բեռնատար
Caravan	Քարավան
Elicottero	Ուղղաթիռ
Furgone	Վան
Metropolitana	Մետրո
Motore	Շարժիչ
Pneumatici	Տիրես
Razzo	Հրթիռ
Scooter	Սկուտեր
Sottomarino	Սուզանավ
Taxi	Տաքսի
Traghetto	Լաստանավ
Trattore	Տրակտոր
Treno	Գնացք

Verdure

Բանջարեղեն

Aglio	Սխտոր
Broccolo	Բրոկկոլի
Carciofo	Արտիճուկ
Carota	Գազար
Cetriolo	Վարունգ
Cipolla	Սոխ
Fungo	Սունկ
Insalata	Աղցան
Melanzana	Սմբուկ
Patata	Կարտոֆիլ
Pisello	Սիսեռ
Pomodoro	Լոլիկ
Prezzemolo	Մաղադանոս
Rapa	Շաղգամ
Ravanello	Բողկ
Scalogno	Շալոտ
Sedano	Նեխուր
Spinaci	Սպանախ
Zenzero	Կոճապղպեղ
Zucca	Դդում

Vestiti

Հագուստ

Abito	Զգեստ
Braccialetto	Ապարանջան
Calzini	Գուլպաներ
Camicetta	Բլուզ
Camicia	Վերնաշապիկ
Cappello	Գլխարկ
Cappotto	Վերարկու
Cintura	Գոտի
Collana	Վզնոց
Giacca	Բաճկոն
Gonna	Փեշ
Grembiule	Գոգնոց
Guanti	Ձեռնոցներ
Jeans	Ջինս
Maglione	Սվիտեր
Pantaloni	Տաբատ
Pigiama	Պիժամա
Sandali	Սանդալներ
Scarpa	Կոշիկ
Sciarpa	Շարֆ

Virtù #1

Առաքինություններ #1

Affascinante	Հմայիչ
Affidabile	Հուսալի
Appassionato	Կրքոտ
Artistico	Գեղարվեստական
Buono	Լավ
Curioso	Հետաքրքրասեր
Decisivo	Վճռական
Divertente	Զվարճալի
Efficiente	Արդյունավետ
Generoso	Առատաձեռն
Indipendente	Անկախ
Intelligente	Խելացի
Modesto	Համեստ
Paziente	Համբերատար
Pratico	Գործնական
Pulito	Մաքուր
Saggio	Իմաստուն
Utile	Օգտակար

Congratulazioni

Ce l'hai fatta!

Speriamo che questo libro vi sia piaciuto tanto quanto a noi è piaciuto concepirlo. Ci sforziamo di creare libri della più alta qualità possibile.
Questa edizione è progettata per fornire un apprendimento intelligente, di qualità e divertente!

Le è piaciuto questo libro?

Una Semplice Richiesta

Questi libri esistono grazie alle recensioni che pubblicate.

Puoi aiutarci lasciando una recensione
ora a questo link ?

BestBooksActivity.com/Recensioni50

SFIDA FINALE!

Sfida n°1

Sei pronto per il tuo gioco gratuito? Li usiamo sempre, ma non sono così facili da trovare - ecco i **Sinonimi!**
Scrivi 5 parole che hai trovato nei puzzle (n° 21, n° 36, n° 76) e prova a trovare 2 sinonimi per ogni parola.

Scrivi 5 parole del *Puzzle 21*

Parole	Sinonimo 1	Sinonimo 2

Scrivi 5 parole del *Puzzle 36*

Parole	Sinonimo 1	Sinonimo 2

Scrivi 5 parole del *Puzzle 76*

Parole	Sinonimo 1	Sinonimo 2

Sfida n°2

Ora che ti sei riscaldato, scrivi 5 parole che hai trovato nei puzzle n° 9, n° 17 e n° 25 e cerca di trovare 2 contrari per ogni parola. Quanti ne puoi trovare in 20 minuti?

*Scrivi 5 parole del **Puzzle 9***

Parole	Antonimo 1	Antonimo 2

*Scrivi 5 parole del **Puzzle 17***

Parole	Antonimo 1	Antonimo 2

*Scrivi 5 parole del **Puzzle 25***

Parole	Antonimo 1	Antonimo 2

Sfida n°3

Grande! Questa sfida non è niente per te!

Pronto per la sfida finale? Scegli 10 parole che hai scoperto nei diversi puzzle e scrivile qui sotto.

1.	6.
2.	7.
3.	8.
4.	9.
5.	10.

Ora scrivi un testo pensando a una persona, un animale o un luogo che ti piace.

Puoi usare l'ultima pagina di questo libro come bozza.

La tua composizione:

TACCUINO:

A PRESTO!

Tutta la Squadra

www.ingramcontent.com/pod-product-compliance
Lightning Source LLC
Chambersburg PA
CBHW082052120626
46553CB00011B/3365
9798896704898